本书由首都经济贸易大学马克思主义学院资助出版

道法为民

杜 晓○著

《鹖冠子》研究

中国社会科学出版社

图书在版编目（CIP）数据

道法为民：《鹖冠子》研究／杜晓著 . —北京：中国社会科学出版社，2021.3
ISBN 978 - 7 - 5203 - 7934 - 2

Ⅰ.①道… Ⅱ.①杜… Ⅲ.①道家②《鹖冠子》—研究 Ⅳ.①B220.5

中国版本图书馆 CIP 数据核字（2021）第 029447 号

出 版 人	赵剑英
责任编辑	孙 萍
责任校对	周 昊
责任印制	王 超

出 版	中国社会科学出版社
社 址	北京鼓楼西大街甲 158 号
邮 编	100720
网 址	http://www.csspw.cn
发 行 部	010 - 84083685
门 市 部	010 - 84029450
经 销	新华书店及其他书店

印刷装订	三河弘翰印务有限公司
版 次	2021 年 3 月第 1 版
印 次	2021 年 3 月第 1 次印刷

开 本	710 × 1000 1/16
印 张	13.5
插 页	2
字 数	191 千字
定 价	85.00 元

凡购买中国社会科学出版社图书，如有质量问题请与本社营销中心联系调换
电话:010 - 84083683

目　录

导　论

　　《鹖冠子》采用诸子著书惯例，将人名作为书名，代表一家之学。鹖冠子主要活动于战国后期的楚、赵两国，秦国完成大一统后归隐山林。从名号可以看出鹖冠子喜爱戴用鹖鸡羽毛做成的帽子，同时具有深厚的学识与修养，故而被尊称为"子"。《鹖冠子》成书于晚周秦汉初，由鹖冠子弟子记录老师言论的对话篇、反映鹖冠子思想的论述散篇、后期弟子的发展创新篇章三部分编纂而成。全书虽然表现出不同历史阶段的差异性，但整体思想一致，可以看作鹖冠子学派的代表作。

　　吕思勉品评《鹖冠子》为"子部瑰宝"，[①]已经认识到该书的重要思想价值。但《鹖冠子》一书取材广泛（与《黄老帛书》《战国策》《管子》《鹏鸟赋》都有相同的素材），成书时间跨度较长，也非一人所著，使全书表面看起来篇章顺序混乱、素材重复、线索散乱，故而柳宗元认为其言语"鄙浅"。[②]但全书观点鲜明，"道生法""上贤为天子""为之以民"，贯彻其中，刘勰读后感悟《鹖冠子》乃"亟发深言"。[③]朱养和称赞道，"读其词虽似有错综散漫

---

① 吕思勉：《中国文化思想史九种》，上海古籍出版社 2009 年版，第 232 页。
② （唐）柳宗元：《辨〈鹖冠子〉》，《柳河东全集》，中华书局 1979 年版，第 116 页。
③ （梁）刘勰著，周振甫注：《文心雕龙注释》，人民文学出版社 1983 年版，第 189 页。

处，然而一种高异之旨堪与《庄》《骚》《灵素》相颉颃"，① 将
《鹖冠子》和《庄子》相提并论。这些都表明《鹖冠子》思想的前
瞻性、多样性和复杂性，蕴含着极大的研究价值。

一 文献分析

现存目录书籍中对《鹖冠子》的记载主要有：

《汉书·艺文志》道家类：《鹖冠子》一篇，楚人，居深山，
以鹖为冠。

《隋书·经籍志》：《鹖冠子》三卷，楚之隐人。

《旧唐书》《新唐书》均记载《鹖冠子》三卷。

宋代以后的著录也是三卷，不过有唐代韩愈所读十六篇、宋代
《崇文总目》所记十五篇、宋代陆佃所注十九篇三种传本。《文献
通考·经籍考》中还记载有八卷本，但前三卷是《墨子》，后两卷
多引用汉后之事，中间正是陆佃注解的三卷十九篇。

以上各代著录中，从汉代的"一篇"到隋时的"三卷"是最
富争议之处。一些学者认为汉代的一篇即一"捆"，和三卷一致；
也有学者认为《鹖冠子》篇章逐步增多，是"伪书"的证据之一。
从文献本身到目录记载，《鹖冠子》都曾饱受争议，真伪难断。韩
愈、柳宗元作为影响深远的著名学者，也对《鹖冠子》有截然不同
的看法，导致后人形成认识的分水岭。韩愈正面积极评价《鹖冠
子》，认为："援其道而施于国家，功德岂少哉！"② 而柳宗元"读
之，尽鄙浅者也"，是后人伪作。③ 宋明清学者各有附议，但多是细
节性的探讨，论点并未推陈出新，并且"伪"书是主流认识。

1973 年马王堆《黄老帛书》的出土，为当代《鹖冠子》研究

---

① （明）朱养和：《〈鹖冠子〉集评凡例》，北京图书馆善本部藏花斋刊本《〈鹖冠子〉
集评》。

② （唐）韩愈：《韩昌黎全集》，中国书店 1991 年版，第 183 页。

③ （唐）柳宗元：《辨〈鹖冠子〉》，《柳河东全集》，中华书局 1979 年版，第 116 页。

提供了实证材料和新的契机。学者们发现《鹖冠子》与《黄老帛书》有很多类似甚至相同的语句，思想具有连贯承接性，基本可断定《鹖冠子》其书为真，为晚周秦汉初黄老学的代表著作。国内学者李学勤、陈鼓应、王中江、吴光、陈丽桂、丁原明、强昱师、王博、白奚、郑开、曹峰、孙福喜、杨兆贵等，国外学者如葛瑞汉、戴卡琳等均开展了《鹖冠子》的相关研究，并取得了丰硕的成果。但与此同时，《鹖冠子》还存有广阔的研究空间，留待学者解答，如：《鹖冠子》的篇章关系以及各篇的具体成书时间；《鹖冠子》与其他黄老学著作的异同比较；《鹖冠子》与汉代"泰一"国家祭祀的关系等。

在前辈学者的研究基础上，根据陆佃注《鹖冠子》十九篇的文本内容和篇章逻辑，本书尝试探讨《鹖冠子》的成书历程和部分篇章的具体成书时间。《鹖冠子》版本有十五种左右，以《四部丛刊》本、《子汇》本、《道藏》本、《四库全书》本为主。宋代陆佃首次为《鹖冠子》做了全书校注，流传最广，具有很高的参考价值。陆佃注《鹖冠子》共十九篇，包括七篇对话体：其中五篇对话（七、八、九、十四、十五）在鹖冠子和庞子之间展开，余下两篇对话体分别发生在庞子与卓襄王（十六）、庞子与武灵王（十九）之间；十二篇论述体文本存在着不同的形上依据，一部分围绕天、地、人而展开，另一部分则新出现北斗、泰一的形上依据。结合不同的文体和形上依据，可以将《鹖冠子》分为三个部分。

第一部分：鹖冠子弟子记录老师言论——发生在鹖冠子和庞子之间的五篇对话：《近迭第七》《度万第八》《王鈇第九》《兵政第十四》《学问第十五》。

第二部分：反映鹖冠子思想的散篇——包括以庞子为主的两篇对话、五篇论述，思想特征和第一部分类似：《博选第一》《著希第二》《夜行第三》《道端第六》《备知第十三》《世贤第十六》

《武灵王第十九》。

第三部分：弟子后学思想——七篇论述，出现了北斗、泰一、五行五音、精神等第一部分从未出现过的思想内容：《天则第四》《环流第五》《泰鸿第十》《泰录第十一》《世兵第十二》《天权第十七》《能天第十八》。

这样划分之后，就会发现一个有意思的成书过程：第三部分的篇章分别混入第一部分的首、中、尾，而第二部分又混入第一、第三部分综合后的首、中、尾，从而形成通行的陆佃注《鹖冠子》篇章次序。当然，也有可能是第二、第三部分直接混编入第一部分的首、中、尾而成。总而言之，论述体篇章是以对话体篇章为核心展开的，并在此过程中发展出了新的理论形态：

第一部分：7、8、9、14、15
（五篇鹖冠子弟子记录老师对话、"道法"围绕天、地、人展开）

第三部分编入第一部分中：4、5、7、8、9、10、11、12、14、15、17、18
（编入七篇弟子后学思想，出现北斗、泰一、五行五音、精神等新的思想观念）

收集反映鹖冠子思想的残篇，第二部分混入第一、第三部分之中
1、2、3、4、5、6、7、8、9、10、11、12、13、14、15、16、17、18、19
（编入五篇论述和两篇以庞子为主的对话，仍然围绕天、地、人展开）

从鹖冠子学派思想发展的角度，可以将这三个部分归为两个时期：以鹖冠子思想为主的学派前期和以弟子传承发展为主的学派后期。篇章三部分中的第一、第二部分可以代表学派前期思想，反映了鹖冠子本人及其早期弟子们的思想，道法围绕天、地、人而展开；而第三部分代表学派后期思想，出现了北斗、泰一、精神、五行五音、元气这些新的思想观念。从文中讨论的历史事件、出现的避讳现象、同时期文献的佐证中，可以较为确切地推断一些篇章的成书时间。如《近迭第七》在对话中提及诸国争雄的时代背景，

《王铁第九》中的"成鸠之制"提及统一政权的可行性,可推断这两篇成书于先秦。《博选第一》《著希第二》篇中出现了对秦始皇名字的避讳现象,类似语句如"端倚有位""端神明"等,在《黄老帛书》中均写为"正",在《王铁第九》篇中也有"与神明体正"的说法,但此两篇中写为"端"。可知此两篇成书于秦。《学问第十五》篇中的"绪端"实则为"绪正",也可因避讳现象推断成书于秦。《度万第八》中设计对秦始皇废除谥号一事的批评,可知该篇成书于秦晚期,或者楚汉之争时期。以上篇章构成了第一、第二部分的主要内容,结合余下篇章的思想特征,基本可以说第一、第二部分成书于汉前。这两部分内容不仅在理论形态上相对一致,而且在时间段上也比较接近。而《泰鸿第十》《泰录第十一》两篇中关于泰皇、泰一的讨论,已经和秦时的思想不同,接近于汉。《世兵第十二》篇和贾谊《鹏鸟赋》存在大段重合,此篇可能也有汉初背景。《世兵第十二》《天权第十七》篇中均出现了"陈以五行,战以五音"的语句,相关思想在银雀山汉墓竹简的《阴阳之十一·天地八风五行客主五音之居》中有较为详细的论述,可知此两篇成书最晚成于汉初。总之,第一、第二部分的篇章基本成书于汉前,属于学派前期作品,而第三部分的篇章则不晚于汉初,属于学派后期的思想发展。

通过三个文本部分与两段历史时期的划分,一方面可以更加系统、细致地理解鹖冠子学派的发展历程,另一方面也可以解答前辈学者在研究《鹖冠子》过程中所面临的一些困惑问题。如葛瑞汉最早将《鹖冠子》的理想社会分为"成鸠之制""五正""德之盛"三个阶段,这为本书的探索提供了宝贵的启示。但他同时提到:"拙稿提交后,汤普森(Paul Thompson)向我指出,我归纳的 B 组其实可能最晚,从汉代开始,那么我们就会有一个整齐的、辩证的发展线索。开始为半法家的理想国,然后在秦汉之交对一切政府的幻灭，最后汉代再次统一，对政府的信念再次恢复，规划一个新的、更人道的理想国。"① 汤普森的意见比较中肯，也和本书的三个部分划分思路一致。B 组中的《泰鸿第十》《泰录第十一》作为弟子后学篇章，确为晚出。以此两篇中"泰一"观念基础上的"大同之制"，来代替葛瑞汉第三阶段的代表思想"德之盛"，这样的话就和战国末期、秦末、汉初的时代背景比较切合。《近迭第七》《王鈇第九》成书于战国末期，讨论的话题是如何夺取战争胜利以及建立大一统政权；《度万第八》成书于秦末，通过思考政权的合理性批驳秦朝暴政。而在《泰鸿第十》《泰录第十一》中，已经为汉初大一统政权找到了新的形上依据"泰一"，万物都要遵他而行，一统天、地、人之法则。这表明《鹖冠子》在不同的历史时期，都围绕"道法"原则，结合时代政治诉求进行了深切的思考，立足于坚实精深的形上根基，设计出"成鸠之制""五正""大同之制"等一系列理想社会制度，谋求国富民强、长治久安。

从鹖冠子学派发展的视角，也能更好地解释《鹖冠子》文本表面呈现出的"悖论"之处。如《近迭第七》中说："天高而难知"，而《备知第十三》中却说："天高而可知"。粗看之下，论调相反，让人困惑。但仔细深究，这正是鹖冠子学派认识演变的线索，"天高而难知"，根据后文"有福不可请，有祸不可避，法天则戾"，可知此处的"天"是祸福之天，通过揣测天意来预知祸福，是不可

---

① ［英］葛瑞汉：《〈鹖冠子〉：一部被忽略的汉前哲学著作》，葛兆光主编《清华汉学研究》第一辑，清华大学出版社 1994 年版，第 143—144 页。文中的三个阶段划分如下：A 组，"成鸠之制"的早期政权设想。以《王鈇第九》为主，成书于先秦时期，代表战国纷争时期对大一统社会的构想；以《博选第一》《著希第二》为辅，此两篇成书于秦代，延伸说明了"王鈇"的相关重要问题，如博选、五至等。B 组，"五正"是作者第二次对社会政治进行规划，以《天则第四》《度万第八》《泰鸿第十》《泰录第十一》为代表，成书时期在秦亡后不久，比 A 组稍晚。表明作者看到秦国以法制亡国，反思之后提出完善的政治模式。C 组，"德之盛"是最后的理想国，以《世兵第十二》《备至第十三》为代表，成书时间最晚，在秦汉之交的短暂时期。由于作者从统一时代再次陷入楚汉之争，对有组织的政权彻底失望，于是放弃社会构建，投入杨朱学派。

行的。"天高而可知"是法则之天，后文"地大而可宰"，表明天地虽然高大广阔，但其规律性都是可以认识并为人所用的，是理性思维的表现。从祸福之天的角度来说，应当忽视天而重视人；从法则之天的角度来讲，却是需要重视天道，遵天道而行。由此可见《鹖冠子》以"道法"改观、充实了先秦的天道内涵，彰显出主体的理性思维和积极能动性。从学派发展的角度，结合特定的时代背景，来看待《鹖冠子》中形上观念、天人关系、政治构建的差异转变，都能避免"悖论"性的粗浅理解，从而穿透柳宗元"鄙浅"评价之误区，把握其核心思想。

从成书过程来看，已无法明确哪些篇章是鹖冠子本人所写。对话体共有七篇，鹖冠子和庞子对话的五篇是弟子所记，以庞子为主的两篇（第十六、第十九篇）也不能断定是鹖冠子本人所写。如果提及北斗、泰一、精神、五行五音等观念的七篇论述是后学思想发展，那么仅剩下五篇论述，与对话体篇章的思想相近，其中一些可能是鹖冠子所写，后被编书者收集并整理到书中。但也可能是其弟子所写，反映了鹖冠子的思想。

二　"道生法"的核心思想

《鹖冠子》文本虽然成书于不同的历史时期，但学派对于篇章的编纂有着非常明显的选择倾向，基本围绕着道法、重贤、为民的核心观念展开，前后一贯。只有理解了"道生法"（《兵政第十四》）、"上贤为天子"（《泰录第十一》）、"为之以民，道之要也"（《天则第四》）等核心命题，才能领会朱养和所言《鹖冠子》可与《庄子》所媲美的"高异之旨"。

白奚认为"道生法"应当被视为黄老学派的第一命题。[1]《黄

---

[1]　白奚：《稷下学研究》，生活·读书·新知三联书店1998年版，第120页。

老帛书》首篇《经法》第一句即是"道生法";《管子·心术上》也言:"故杀僇禁诛以一之也,故事督乎法,法出乎权,权出乎道。"《鹖冠子》也强调"道生法",在此命题下展开了一系列对于宇宙、政治、生命的思考。"道生法"将道的虚无之"本"、因循之"用"通过具体之"法"联结起来。"道"之抽象虚无落实于"法"之具体原则,既传承了"道"高妙深远的本体思维,又关注具体之"用"的实施途径,"本""用"通过"法"联结起来,构建了具体的道家政治制度,弥补了法家原本存在的理论偏颇,是道家哲学理论的一大进步,也是黄老学的重要理论贡献。

《鹖冠子》丰富了"道生法"的理解和认知,主要从以下四个方面:首先,如何认识道?其次,道如何能够"生"法?再次,法的原则和内容包括什么?最后,"道法"如何贯通无限宇宙的终极认识、理想社会的制度构建以及个体生命的身心追寻?在先秦、秦末、汉初的不同历史时期,《鹖冠子》结合相应社会现实问题,给出了不同的解释和答案,但尊重自然社会规律、为之以民、因贤论位、以法治国是基本原则,贯穿全书。

首先,如何认识道?《鹖冠子》认为道有四个维度,详细论述有九项内容。《博选第一》言:"道凡四稽:天、地、人、命",从物理、人情、圣贤、君王的角度进行了阐发,重点说明帝王之业离不开贤圣的辅佐。《学问第十五》篇具体讨论了"九道":道德、阴阳、法令、天官、神征、伎艺、人情、器械、处兵。其中道德为总纲,阴阳则是对日月运行四季推移的自然规律概括,法令囊括自然秩序和社会价值规范以及制度,天官与神征则透过天象的凶吉,使自然的神圣权威,依赖占卜揭示其蕴藏的社会生活内涵。而伎艺、人情、械器、处兵则是富国强兵的具体策略,不仅关注了选贤任能的价值评价,而且还包括了对器械的物质创造的重视。人情因此成为沟通各方面内容的枢纽,始终没有脱离以圣人为代表的每一个人的生命与生活的核心主题。《鹖冠子》将抽象的道具体化为九个方面，为理解自然规律、构建社会秩序提供了依据，丰富、推动了对于道的认知。

　　道虽可从多角度进行阐发，但"为之以民"是行道之关键，这是《鹖冠子》极其重要的理论贡献之一。继承《道德经》中"圣人无常心，以百姓心为心"的观念，《天则第四》提出："为之以民，道之要也。唯民知极，弗之代也。"为民众而有所作为，是圣人行道的关键。只有民众自身才能体会最合理的治理方式，这是统治者所不能替代的。君主专制前提下的法让百姓"去私就公"，实际上是用法律保障了统治者之"公"，百姓反而更苦。只有在道的前提下，明白了民众的根本地位，才能让民"自化"，仁义变成"同乐""同好"，法治变成百姓之"私"前提下的"合、同"，长久的治理才能实现。因此，为民是道法之根本宗旨，也是衡量其是否合理的有效尺度。

　　其次，道如何能够"生"法？这就依赖于贤圣的学而先觉、与道合一、因贤莅位、彰显名法、以法治国。《兵政第十四》言："贤生圣，圣生道，道生法，法生神，神生明"，明确指出"生"的根源在于贤圣，道法需要通过圣人才能彰显于世。《学问第十五》言："九道形心谓之有灵"，详细说明了圣人学问的九个方面。贤能之士学而成圣，然后序万物、立法则、定名号。更重要的是，圣人因掌握道法而获取治国的权力，可以因贤莅位、以法治国。《泰录第十一》明确指出"故师为君而学为臣，上贤为天子，次贤为三公。高为诸侯，易姓而王。不以祖籍为君者，欲同一善之安也"，以贤能定尊卑，"贤"是衡量权位的根本标准，旗帜鲜明地否定了血统论，极具进步意义。"上贤为天子"彻底消解了君与贤之间的矛盾，但圣贤如何获取基于道法的政治权力，却是《鹖冠子》的理论空白。圣贤在治理国家时，主要依靠道法，根据人情物理，制定各种法令制度，最终达成有序、和乐的社会。

与其他黄老学著作相比，《鹖冠子》更加重视"圣"与"道"的不同功用及其统一。《能天第十八》云："道者，开物者也，非齐物者也。故圣，道也，道非圣也。道者，通物者也，圣者，序物者也。是以有先王之道，而无道之先王"。主体生命与客观世界的和谐统一，即"顺之于道，合之于人"，遵循着老庄道家的精神传统，又极其强烈地突出了主体自我的能动作用。于是在《环流第五》就有"同之谓一，异之谓道"的说法，人道相合才是"一"，否则空留"无己"之"道"就无任何现实意义。这也是《鹖冠子》中"一"比"道"内涵更为丰富的深层理论原因。

再次，《鹖冠子》对法的起源、内容、意义有着详细的讨论。道法的内涵非常丰富：不仅包含度量意义上的法规，赏罚意义上的法律，而且还囊括了自然、社会意义上的总法则。从自然规律的层面上来讲，四季的交替，日月星辰的运行都有其自身的法则；在社会规律的层面，不再依靠宗法，而是依据道的准则重新考量，制定各种法令制度，以民为基础、以贤能为中流砥柱、以郡县法制为社会结构，达到"天文、地理、人和"一统的大同社会。"道"的依据下"法"得以丰富和完善，贯通自然、社会与人情，而具有了深邃广阔的哲学意蕴，弥补了法家原本存在的理论偏颇。

最后，"道法"通过形而上的理论建构，贯通无限宇宙的终极认识、理想社会的制度构建以及个体生命的身心追寻。围绕这一核心命题，《鹖冠子》成书于不同历史时期的篇章进行了各具特色的理论构建，出现了天地、北斗、元气、泰一等不同的终极法则依据。《王鈇第九》中，"天"综合了日、月、列星、四时等自然法则，在时间与空间上都具有永恒性。"天者一法其同也，前后左右，古今自如，故莫弗以为常"，依据四时、五行之数建立一个稳固的社会结构，根据人情物理、刑德来维持社会的运行，参照天地运行保持上传下达，达成"化立俗成"的"成鸠之制"。《度万第八》中"天地—水火—阴阳之气"的粗浅生成论，是为了保障贤、不肖的尊卑秩序，同时防止过于严苛的律法。万物生成与人类活动之间存在着相互作用，当不肖之人居于圣贤之上，或者律法压迫民众太甚，都会导致天地不能生出水火，进而扰乱了整个自然界的生生秩序。批判的同时，该篇还提出了"五正"政治评论学说，"有神化，有官治，有教治，有因治，有事治"，评判了不同的社会治理方法和原则。后期篇章《泰鸿第十》《泰录第十一》中，"泰一"作为"九皇"的老师，"执大同之制"。此时"天地成于元气，万物乘于天地"，元气成为更根本的生成要素。"泰一"已经正"神明"之位，实现了阴阳四时，五方、五音、五范秩序的规范化，五官六府各尽其职，刑德与法度相结合，社会秩序井然，一切成员"所乐同名"。

不同的形上依据对应具体的政治学说，表现为：（1）天——成鸠之制、（2）天地——五正、（3）泰一、元气——大同之制三种主要形态，暗合了先秦、秦末、汉初的时代主题。"天——成鸠之制"讨论的是如何建立起一个大一统政权，"天地——五正"对秦朝严苛的法律以及秦始皇废除谥号一事进行了批评，"泰一、元气——大同之制"设想了一个贤、民基础上的理想新社会。虽然存在理论形式的差异，但为之以民、因贤论位、以法治国作为《鹖冠子》的核心内容，贯穿全书。

《鹖冠子》围绕"道生法"，丰富了"道"的认知，提出"四稽""九道""道之要"等观念；将"道"落实于"法"，所谓"贤生圣，圣生道，道生法"，建构了理想的道法制度"成鸠之制""大同之制"，论及"五正"的政治评价体系；更为道法寻求终极形上依据，出现了"天地""北斗""元气""泰一"等系列概念；最后，圣贤作为彰显道法的主体，因为领悟道而具有权力合法性，以至于"上贤为天子";同时由于神圣之人贯通了天地精神,可以"卫精、擢神、致气",从而实现了现实生命有限性的超越,与天地长存。与道合"一"的圣人逐步被神化,能够"使神明""王百神"。随着理论的发展成熟,"一"的观念逐步上升至"泰一",成为汉初的官方宗教信仰。

三　《鹖冠子》在黄老道家思想史上的重要地位

韩愈首次断定《鹖冠子》乃"黄老刑名"之说,陆佃也持此说,宋濂又发扬为"黄老之至言"。[①] 吕思勉品评《鹖冠子》时说:"原本道德,以为一切治法,皆当随顺自然。所言多明堂阴阳之遗。儒、道、名、法之书,皆资参证,实为子部瑰宝。"[②] 以道德、自然为本,融合阴阳、儒、道、名、法各家,正是黄老学的重要特征。马王堆帛书出土后,《鹖冠子》与《黄老帛书》的紧密联系也进一步证明了其黄老学属性。除此之外,《鹖冠子》还展现出自身理论特色,推动了黄老学的发展,是其他黄老学著作所缺乏的,主要表现为以下五个方面。

第一,《鹖冠子》成书时间跨度长,从先秦到汉初,涉及楚国、齐国、赵国的黄老学思想,明晰、充实了黄老学发展的线索。从文献上来讲,《鹖冠子》有先秦篇章,有明确成书于秦代的篇章,还有汉初特色的篇章,能使我们持续了解黄老学在不同历史时期的思想变化。从时间跨度、地理因素来讲,《鹖冠子》所提供的文本基础以及观念转变,可以帮助我们理解从战国末期至汉初,随着六国的覆灭和统一,黄老学也表现出南北思潮的融合统一。来自南方、具有明显楚国思想特色的鹖冠子吸取了齐国兴盛的黄老观念,并活动于北方赵国(汉初尊崇黄老学的窦太后是赵人),最终为汉初黄

---

① (明)宋濂:《诸子辨》,明业书堂抄本。
② 吕思勉:《中国文化思想史九种》,上海古籍出版社 2009 年版,第 232 页。

老学成为官方统治思想奠定了基础。

第二，丰富了黄老学核心命题"道生法"的思想内容，明晰了道家早期的形上理论建构。《鹖冠子》成书时间长，涉及楚、齐、赵等地的黄老学思想，出现了道、天、地、水、北斗、气、泰一等多种形上概念。围绕"道生法"，鹖冠子学派随着历史发展表现出形上学理解的变化。如《近迭第七》中说："天高而难知"，而《备知第十三》中却说："天高而可知"，表面看来见解完全相反，实则根据前后文可知"难知"的是祸福之天，而"可知"的是法则之天。《鹖冠子》正是以"道法"改观、充实了秦汉之际的天道内涵，彰显出主体的自然理性思维和能动性。全书提供了先秦至汉初道家形上观念、天人关系、宇宙生成论的思想流变，尤其是从"水"的生成论到"气"的生成论的关键性转变。

第三，《鹖冠子》明确了黄老道家的政治理念和具体制度。"为之以民""上贤为天子"的政治理念丰富了"道生法"的黄老学基本命题，使道法的实施具有了明确的价值指向。《王铁第九》建立了以"天曲日术"为核心，包括"人情物理""啬万物""与天地总""与神明体正"各方面的"成鸠之制"；《度万第八》提出了完善的"五正"政治论，依据道法的实践程度分为神化、官治、教治、因治、事治几个层次，无论是现实制度还是理想境界都被囊括其中，显示了多层次的理论包容性；《泰鸿第十》论及"大同之制"，提出了"为之以民""易姓为王"的进步学说。从《管子》到《黄老帛书》再到《鹖冠子》的制度建设明晰，是黄老学对老庄道家的极大贡献。

第四，《鹖冠子》文本提供了大量线索，来帮助我们理解"泰一"作为源于楚国的思想观念，如何由楚至赵，并经历了多种观念的选择、发展、创新之后，一步步成为汉初祭祀的至上神。"泰一"天神崇拜起源于楚国，但汉初建议修建五帝庙祭祀"泰一"的新垣平却是赵人，尊崇黄老的窦太后也是赵国人。鹖冠子生于楚国，却常年活动于赵国，正是他将"泰一"观念从楚国带到了赵国，并经历了学派的思想发展，使原本注重星、巫的天神"泰一"，逐步转变为把握天文、地理、人情，以及"卫精擢神致气"的最高神祇形象。"一"上升至"泰一"，不仅包含了哲学意义上"一""道"关系的形上讨论，更是一种现实的执政需要，《鹖冠子》均提供了丰富的文本资源。而黄老之"泰一"在失去了政权庇佑之后，又隐匿兴盛于民间，成为道教的重要思想来源。

第五，《鹖冠子》展现出与其他黄老学著作的不同之处。和《管子》相比，《鹖冠子》更加重视"一"，强调主客观符合的"一"要重于"无己"之"道"，两者对于"一""道"关系有着不同理解，而"一"正是道教之"神"的关键之所在；和《慎子》相比，《鹖冠子》更加强调贤、位的一致性，以"上贤为天子"彻底解决了《慎子》"君立而贤者不尊"的君、贤矛盾。

第六，《鹖冠子》和近年来出土文献有着非常密切的思想联系。《鹖冠子》和马王堆《黄老帛书》有很多类似甚至相同的语句，思想具有连贯承接性，其中《博选第一》《度万第八》《王铁第九》篇明显引用了《黄老帛书》中的相关内容。《度万第八》和郭店竹简《太一生水》篇均论及水生成论的形上学说，而《世兵第十二》和《天权第十七》篇结合史实讨论兵道，和银雀山汉墓竹简的联系非常紧密。这些联系不仅表明了《鹖冠子》在先秦汉初思想史上的重要地位，而且有助于理解出土文献的相关内容。

《鹖冠子》虽然成书于不同的历史时期，但核心观念一致，围绕道法、为民、重贤的观点而展开，并提出"为之以民""上贤为天子"等命题，真切期冀将道家的思想精髓落实于现实生活，造福民众。但这种彻底的黄老政治观念既和"家天下"的皇族传承相冲突，又和"刑不上大夫"的礼法制度相矛盾，因此《鹖冠子》被一些古代学者认定为伪，属于"妄论王政"（《周氏涉笔》）。一旦厘清《鹖冠子》的成书历程和核心观念，会发现《鹖冠子》在黄老道家思想史上的重要地位，感悟刘勰所论"深言"实为不虚。

第 一 章

《鹖冠子》是黄老学的重要文本

黄老学从发展成熟的诸子百家中吸取理论精华，在融合中展现出多样化的思想特征，超越了一家一学之范畴，从而展现出广阔的理论视野、丰富的思想内容以及超越时代的价值意义。儒、道、名、法等多家学说融会贯通，汉初司马谈《论六家要旨》中的"道德"家，标志着黄老学伴随政治稳定而呈现出相对明确的理论形态。

《鹖冠子》作为黄老学的代表著作，在历史上并没有受到足够的重视。一方面是由于黄老学自身的学派概念就很模糊，虽然在史书中被屡次提及，目录学中却没有系统的学派传承、代表作等梳理；另一方面，《鹖冠子》一书在历代著录中篇章逐步增多，且与其他书籍的段落重复，因此被一些学者认为是"伪书"，影响了思想的进一步探究。直到马王堆《黄老帛书》的出土，才为《鹖冠子》的研究提供了实证材料和新的契机。

第一节　《鹖冠子》的作者、年代、版本

《鹖冠子》采用了诸子著书惯例，将人名作为书名，以此代表一家之学。但鹖冠子本人在史书中的记载寥寥，多以《鹖冠子》作者的身份出现。从鹖冠子的名号可以看出他喜爱戴用鹖鸡羽毛做成

的帽子,同时具有深厚的学识与修养,故而被尊称为"子"。据《后汉书·舆服志下》记载:"鹖者,勇雉也,其斗至一死乃止,故赵武灵王以表武士,秦施之焉。"可知鹖鸡作为勇斗的象征始于赵国,而《鹖冠子》中鹖冠子的言谈对象均是庞子,一位赵国大将。这些内容都表明赵国是鹖冠子活动过的重要地方。《汉书·艺文志》中又说鹖冠子是"楚人,居深山,以鹖为冠",表明鹖冠子出生于楚国,《王铁第九》篇中也言及楚制。楚国、赵国是鹖冠子生平活动的主要区域。

孙福喜在专著《〈鹖冠子〉研究》中,调查了鹖鸡分布的地理状况,分析了《鹖冠子》一书的有关历史记载,得出结论:鹖冠子是一位出生于楚国,专修黄老道家之学,20岁左右到了赵国,曾任庞焕、庞煖兄弟老师,后又长期隐居于鹖鸟众多的赵地深山,喜戴用鹖鸟羽毛做的头冠的隐士。[①] 这是对鹖冠子的出生地以及活动范围比较中肯的说法。至于鹖冠子归隐山林的原因,《真隐传》认为是因为弟子庞煖做了赵国大将,鹖冠子惧怕他推荐自己做官,所以隐居。这种说法和《鹖冠子》书中积极进取的主张不同,已经难辨真假。但从鹖冠子生活的时代背景与观念主张来看,很有可能是秦国统一六国之后,鹖冠子作为曾经的抗秦主将之师,不能施展抱负而隐居于深山。

《鹖冠子》各篇章不仅文体不同,有对话体与论述体,而且篇幅长短不一,不大可能是一人之作。各篇内容涉及的主要概念虽然相互关联,但也有明显差异,因此也不是一时之作。《鹖冠子》很有可能是鹖冠子及其弟子的作品合集,经历了战国末期、短暂秦朝、楚汉之争与大汉一统的历史时期。而这段时期正是道家黄老学的发展完善期,《鹖冠子》的思想主旨继

---

① 孙福喜:《〈鹖冠子〉研究》,陕西人民出版社2002年版,第155页。

承《黄老帛书》《管子》，为推进黄老学理论发展做出了独特贡献。吴光在《黄老之学通论》中从《鹖冠子》的作者、成书年代、学派倾向和学说特点，说明鹖冠子学派及其著作《鹖冠子》的出现，正是与战国末叶至汉初历史发展及学术演变的趋势相吻合的。① 戴卡琳也推断："鹖冠子可能是不少于三个朝代，周朝、秦朝和汉朝的臣民。"② 《鹖冠子》成书于周末汉初，是学界前辈相近一致的判断。③

现存目录书籍中对《鹖冠子》的记载主要有：

《汉书·艺文志》道家类：《鹖冠子》一篇，楚人，居深山，以鹖为冠。

《隋书·经籍志》：《鹖冠子》三卷，楚之隐人。

《旧唐书》《新唐书》均记载《鹖冠子》三卷。

宋代以后的著录也是三卷，不过有《崇文总目》中的十五篇、韩愈所读十六篇、陆佃所注十九篇三种传本。《文献通考·经籍考》中还记载有八卷本，但前三卷是《墨子》，后两卷多引用汉后之事，中间正是陆佃注解的三卷十九篇。

以上各代著录中，从汉代的"一篇"到隋时的"三卷"是最富争议之处。一些学者认为汉代的一篇即一"捆"，和三卷一致；也有学者认为《鹖冠子》篇章逐步增多，是"伪书"的证据之一。隋朝以后《鹖冠子》的篇卷数已经基本稳定，主要内容与今本无大异。关于唐宋记载《鹖冠子》篇幅有十五、十六与十九篇的差异，当今学者通过多方面研究基本认定《世贤第十六》《武灵王第十

---

① 吴光：《黄老之学通论》，浙江人民出版社1985年版，第157页。
② 戴卡琳：《解读〈鹖冠子〉——从论辩学的角度》，杨民译，辽宁教育出版社2000年版，第16页。
③ 黄怀信、孙福喜断为先秦，李学勤、葛瑞汉断为汉前，杨兆贵认为《泰鸿第十》《世兵第十二》篇成书于汉初，王葆玄认为《泰鸿第十》《泰录第十一》篇成书于汉初。总体上来说，《鹖冠子》当为周末汉初文献。

九》是其中造成差异的两篇，其余则认识不一。①

关于《鹖冠子》的版本与注本，黄怀信的《鹖冠子汇校集注》、戴卡琳的《解读〈鹖冠子〉——从论辩学的角度》、孙福喜的《〈鹖冠子〉研究》中均有较为详细的说明。《鹖冠子》版本有十五种左右，以《四部丛刊》本、《子汇》本、《道藏》本、《四库全书》本为主。宋代陆佃首次为《鹖冠子》做了全书校注，流传最广，具有很高的参考价值。黄怀信以《子汇》版为底本，汇集陆佃注、王闿运《鹖冠子注》（光绪二十一年）、张之纯《诸子菁华录》中对《鹖冠子》的注解、吴世拱《鹖冠子吴注》、张金城《鹖冠子笺疏》，再阐发己意，是当今最全面的集注。《鹖冠子》已经有英、法外文版翻译，诺伊格鲍尔还注释了所有的对话体篇章，②威廉姆斯注译了前四篇。③ 本书所引用文献以《子汇》本为依据。

第二节　《鹖冠子》属于黄老学派著作

韩愈首次认为《鹖冠子》是"黄老刑名"之说，陆佃也持此说，宋濂又发扬为"黄老之至言"。吕思勉品评《鹖冠子》时说："原本道德，以为一切治法，皆当随顺自然。所言多明堂阴阳之遗。儒、道、名、法之书，皆资参证，实为子部瑰宝。"④ 以道德自然为本，融合阴阳、儒、道、名、法各家，正是黄老学的重要特征之一。马王堆帛书出土后，《鹖冠子》与《黄老帛书》的紧密联系也

---

① 葛瑞汉、大形彻、吴光均持此说，但吴光同时认为《世兵第十二》也是其中一篇。见大形彻《〈鹖冠子〉非伪书》，《大阪府立大学纪要》（人文社会科学），第三十一卷，1983 年，第 11—23 页。

② 克劳斯·卡尔·诺伊格鲍尔：《鹖冠子：对话诸篇的研究》，皮特·朗（法兰克福）出版公司 1986 年版。

③ 布鲁斯·威廉姆斯：《〈鹖冠子〉：真实性、原文的历史与分析》，硕士论文，加利福尼亚大学，1987 年。

④ 吕思勉：《中国文化思想史九种》，上海古籍出版社 2009 年版，第 232 页。

进一步证明了其黄老学属性。

一 黄老学源流、传播及特征

有记载的"黄老"一词始于《史记》。《史记》中有关黄老学的记载，不仅涉及学派人物，而且上达皇廷统治者，下及处士，内容十分丰富。

《乐毅列传》中论及黄老学的学派传承：

> 乐臣公学黄帝、老子，其本师号曰河上丈人，不知其所出。河上丈人教安期生，安期生教毛翕公，毛翕公教乐瑕公，乐瑕公教乐臣公，乐臣公教盖公。盖公教于齐高密、胶西，为曹相国师。

先秦诸子人物中，《老子韩非列传》将韩非、申子的刑名法术之学归本于黄老：

> 申子之学本于黄老而主刑名。著书二篇，号曰申子。
>
> 韩非者，韩之诸公子也。喜刑名法术之学，而其归本于黄老。非为人口吃，不能道说，而善著书。与李斯俱事荀卿，斯自以为不如非。

《孟子荀卿列传》中记载齐、楚、赵多国学者不仅学习黄老道德之术，而且有所阐发，新论留著，如：

> 慎到，赵人。田骈、接子，齐人。环渊，楚人。皆学黄老道德之术，因发明序其指意。故慎到著十二论，环渊著上下篇，而田骈、接子皆有所论焉。

至秦汉时期黄老学传播和盛行达到了顶峰，具有很大的社会影响力。《孝武本纪》中谈及汉文景时期的窦太后，喜爱黄老之言，并以此治国：

> 会窦太后治黄老言，不好儒术，使人微伺得赵绾等奸利事，召案绾、臧，绾、臧自杀，诸所兴为者皆废。后六年，窦太后崩。其明年，上征文学之士公孙弘等。

《曹相国世家》中也有齐相国曹参用黄老术治国，卓有成效的记载：

> 闻胶西有盖公，善治黄老言，使人厚币请之。既见盖公，盖公为言治道贵清静而民自定，推此类具言之。参于是避正堂，舍盖公焉。其治要用黄老术，故相齐九年，齐国安集，大称贤相。

除了太后、国相，还有一些在野的"高士""隐士"，喜爱、擅长黄老言论，《张释之冯唐列传》就提到："王生者，善为黄老言，处士也。"连一个隐士都因善谈黄老言在《史记》中留名，可知黄老学在汉初的影响力之大，完全占据主流思想地位。

《史记》中除去以上人物记载，还在司马谈《论六家要旨》中专门论述了黄老道家的主旨要义：

> 道家使人精神专一，动合无形，赡足万物。其为术也，因阴阳之大顺，采儒墨之善，撮名法之要，与时迁移，应物变化，立俗施事，无所不宜，指约而易操，事少而功多。儒者则不然。以为人主天下之仪表也，主倡而臣和，主先而臣随。如

此则主劳而臣逸。至于大道之要，去健羡，绌聪明，释此而任术。夫神大用则竭，形大劳则敝，形神骚动，欲与天地长久，非所闻也。

此处提到的道家就是汉初黄老道家，由此可知其主要特征：第一，融合各家之长，"因阴阳之大顺，采儒墨之善，撮名法之要"；第二，注重顺应自然社会规律，因此能够"事少而功多"；第三，聚敛形神，与天地长久。除去以上三个方面，还有很重要的根本内容：以虚无为本，以因循为用。如：

> 道家无为，又曰无不为。其实易行，其辞难知。其术以虚无为本，以因循为用。无成执，无常形，故能究万物之情。不为物先，不为物后，故能为万物主。有法无法，因时为业，有度无度，因物与合。故曰："圣人不朽，时变是守。虚者道之常也，因者君之纲也。"群臣并至，使各自明也。其实中其声者谓之端，实不中其声者谓之窾。窾言不听，奸乃不生，贤不肖自分，白黑乃形。在所欲用耳，何事不成。乃合大道，混混冥冥。光耀天下，复反无名。凡人所生者神也，所托者形也。神大用则竭，形大劳则敝，形神离则死。死者不可复生，离者不可复反，故圣人重之。由是观之，神者生之本也，形者生之具也。不先定其神〔形〕，而曰"我有以治天下"，何由哉？

《论六家要旨》不仅论及阴阳、儒、墨、名、法、道德各家优劣，而且还着重论述了道德家的主要特征，从而展现出黄老道家广博的理论气度，善于博采各家之长；理性的思维方式，注重与时、物相合；智慧的人生态度，提倡身心合一的修养。黄老道家之所以能够具有如此鲜明的理论特征，正在于其传承了"道"高妙深远的哲学思维，善于从宇宙整体出发来思考自然社会人生，同时又关注具体之用，"本""用"互倚互显，完善了《道德经》中从"无为"达到"无不为"的行为准则，丰富了官方治国理念，并为隐士养炼提供了终极依据。陈鼓应在《先秦道家研究的新方向——从马王堆汉墓帛书〈黄帝四经〉说起》一文中就指出"道的具现，也即社会性，黄老道家对老子道家在此点上有着更突出的发展，并且多所是正"，① 强调的就是黄老道家"本""用"互倚互显的理论特征。

白奚在《先秦黄老思潮源流述要》② 一文中对于先秦黄老之学的渊源、兴起、学术特征、代表人物与著作、主要思想等内容都进行了论述，认为黄老学的兴起源于田氏齐国取代姜齐政权的政治理论需求，以范蠡（师从计然，计然或为老子弟子文子）入齐为重要标志，以"道法结合，兼采百家"为学术特征，涉及道论、精气论、政论、人性论等方面。尤其值得关注的是，白奚在《学术发展史视野下的先秦黄老之学》③ 的研究中特别指出：

> 人性理论是黄老之学的一个重要内容，也是其政治主张的理论依据之一，黄老之学对于人性的基本判断，是认为人皆有自私自利、趋利避害的自然本性，慎到、田骈、尹文、《管子》等皆持此种观点。这在当时是一种很普遍的看法，法家也持这样的主张，黄老学者的卓异之处在于，他们将人的这一自然本性同"道"联系起来，由"因天道"推导出"因人情"，从天道的高度论证了"因人情"的合理性和必然性，由此论证其政治主张，就显得很有理论深度。再如，精气理论也是黄老之学

---

① 陈鼓应：《先秦道家研究的新方向——从马王堆汉墓帛书〈黄帝四经〉说起》，《管子学刊》1995 年第 1 期，第 55 页。

② 白奚：《先秦黄老思潮源流述要》，《中州学刊》2003 年第 1 期。

③ 白奚：《学术发展史视野下的先秦黄老之学》，《人文杂志》2005 年第 1 期。

对道论的一个重要发展，《管子》的《内业》《心术》等篇提出了精气论，以气论道、以气论心，丰富和发展了道论、气论和古代的心性论，在中国哲学发展史上产生了重要而深远的影响。

由此可知，黄老学不仅关注形上之"道"本，现实之"术"用，更是深入人之本性，创新性地转化了天人关系的内涵，奠定了社会制度的人本基础，丰富了黄老学对于"心""精""神""气"概念的理解。

刘笑敢在《庄子后学中的黄老派》一文中总结道："承认道的普遍性，却很少讲道的超越性；既讲天地有常，又讲因时而变；既讲无为之术，又不主张完全无所作为；既重视法术刑名的强制作用，又不忽视仁义礼治的教育手段；既维护君臣上下的尊卑秩序，又不赞成君主专制；既有自己的一贯立场，又不盲目排斥诸家之学。这是黄老之学的特点，也是黄老之学的优点，反映了黄老学者开明通达、兼容并蓄的思想风格。"① 丁原明总结黄老学的特点有三：一是"道"论（气化论或规律论），二是虚无为本、因循为用的无为论，三是在对待百家之学上"采儒墨之善，撮名法之要"。② 曹峰也在《近年出土黄老思想文献研究》导论中总结了全盛时期黄老道家思想结构的基本线索：第一，从天道到人道，第二，从养身到治国，第三，虚无为本、因循为用，第四，兼综百家。③

经过黄老学源流、传播及特征的考察，以及前辈学者的研究概括，可以总述黄老道家的特征如下。

---

① 刘笑敢：《庄子后学中的黄老派》，《哲学研究》1985 年第 6 期，第 59—65 页。
② 丁原明：《黄老学论纲》，山东大学出版社 1997 年版，第 4 页。
③ 曹峰：《近年出土黄老思想文献研究》，中国社会科学出版社 2015 年版，第 5 页。

1. 涉及道、一、水、气的本体生成论。

2. 以"虚无为本，因循为用"，"本""用"互倚。

3. 强调"道生法"，自然和社会法则统一，注重法治。

4. 从"因天道"推出"因人情"，具有独特的人性论。

5. 推崇"无为而无不为"，提倡"事少而功多"，"君无为而臣有为"。

6. 注重聚敛形神、精气，与天地长久。

7. 融合各家之长，"因阴阳之大顺，采儒墨之善，撮名法之要"。

这些理论特征表现出黄老道家广博的理论气度，理性的思维方式，智慧的人生态度，而能够在百家争鸣之后成为汉初主流意识形态，在国家政治、宗教信仰、社会制度、风俗人情各方面给予高屋建瓴般的理论指引。

二 《鹖冠子》推动了黄老学的理论发展

《鹖冠子》属于黄老学，不仅是古之学者韩愈、陆佃的论断，也是当今学者的主流认知。国内学者李学勤、陈鼓应、王中江、吴光、陈丽桂、丁原明、强昱、王博、白奚、郑开、曹峰、孙福喜、杨兆贵等，国外学者如葛瑞汉、戴卡琳等均认为《鹖冠子》属于黄老学。但也有学者持不同意见，如潘俊杰认为《鹖冠子》属于先秦杂家著作。①

李学勤通过《〈鹖冠子〉与两种帛书》的比较，《世贤第十六》中关于赵悼襄王与庞煖对话的考证，认为鹖冠子的活动年代当在公元前 300 年至前 240 年前后，战国晚期的前半，楚顷襄王、考烈王之世。而《鹖冠子》的成书要晚一些，在秦焚书之前，属于黄老刑

---

① 潘俊杰：《〈鹖冠子〉为先秦杂家著作考》，《延安大学学报》（社会科学版）2007 年第 3 期。

名之学。①

陈鼓应在《黄老精神是有容乃大》一文中也明确指出《鹖冠子》属于黄老道家著作：

> 根据《史记》记载，稷下先生有七十六人，而七十六人里面有姓名可考的只有六个，六个里面四个明确是黄老。黄老当时不得了。我这里引用尊敬的蒙文通先生的话，他在《古学甄微》中讲："百家争鸣，黄老独盛。"我虽然现在记忆力衰退，但是几十年来这句话我一直记得。何谓黄老独盛？在《管子》这部书中，比如"道"这个字，出现了三百六十多次，但只要是哲学性的形上之道，创生万物的、成为万物根基的那个道，就都是老子的思想。《管子》是依托管仲之遗言，由稷下学宫的学士汇编出来的。这样的理论传播到各地，比如说楚地，我们就可以看到有《黄帝四经》这样的书问世。还有《鹖冠子》，这也是黄老道家的书。

大多学者关于《鹖冠子》属于黄老学的论断一致，不再一一征引，仅列出学者李笑岩《先秦黄老之学渊源与发展研究》一书，表明学界的新近研究动态。② 在书中第二编"先秦黄老文献考"第四章"《尹文子》与《鹖冠子》"第二节第三部分专门论及"《鹖冠子》学派归属及其与黄老之学的关系，说："道德、阴阳源自道家和阴阳家、而天官、神征、伎艺、械器则很可能是源自黄帝方术之学的内容。从这种融合形而上之道与形而下之术，涵盖政治军事治国用兵的'圣人之学'来看，确实是战国末年黄老学派兼容并包的

---

① 李学勤：《〈鹖冠子〉与两种帛书》，《道家文化研究》第一辑，上海古籍出版社1991年版，第333—338页。

② 李笑岩：《先秦黄老之学渊源与发展研究》，上海古籍出版社2018年版，第233页。

思想特征"，得出了《鹖冠子》属于黄老学的结论。

本节主要从《鹖冠子》文本的核心内容，来表明其黄老学属性，具体从以下七个方面进行论述。

第一，立足道论，强调"一"的重要性，彰显主观能动性。《鹖冠子》非常重视"一"，其地位比道更加显赫。《鹖冠子》中的"一"囊括了六个方面的理解：（1）"一"是生成论基础，如"有一而有气"；（2）自然与社会法则的一致性；（3）人的同一类本质；（4）特指北斗星；（5）认识方法的归纳与演绎；（6）基于道的主客观统一。

黄老学著作多讲"执一""抱一"，将"一"作为世界统一性的基础，意与"道"同。但《鹖冠子》的《环流第五》《天则第四》《天权第十七》《能天第十八》篇中的"一"不能等同于"道"。如《环流第五》篇讲"同之谓一，异之谓道"，此处的异、同在于人的主体行为，如果与"道"相符，那么就达到了"一"，如果相异，主客二分，那就谈不上"一"了，仅余下"无己"之"道"。从主客关系的角度来理解，"一"的范畴比"道"为丰富。因此在《鹖冠子》中"一"的地位比道更加显赫，也有着极具特色的关于"一"的生成论表述。

第二，涉及"一"、天地、水火、气的生成论。《度万第八》提及"天地—水火—阴阳之气—万物"的生成次序，《环流第五》论及"有一而有气"，《泰录第十一》认为"天地成于元气"。由于《鹖冠子》篇章成书于不同的历史时期，反映了不同地域的黄老思想，因此也展现出多种生成论图景。但随着理论的逐步成熟，"气"论成为《鹖冠子》后期的核心观念，贯通了万物起源、人间秩序以及身心养炼。圣人不仅具有人间权力的合法性，同时也兼具了神化的形象。

第三，注重"道生法"，发扬了黄老学的核心命题。《鹖冠子》

作为黄老学的代表著作，强调"道生法"：首先，"道"的虚无之本落实于"法"之具体，既传承了"道"高妙深远的哲学思维，又关注具体之"用"的实施途径，"本""用"通过"法"连接起来，完善了《道德经》中从"无为"达到"无不为"的行为准则。其次，"道"的依据下"法"得以丰富和完善，贯通自然、社会与人情，而具有了深邃广阔的哲学意蕴，弥补了法家原本存在的理论偏颇。最后，认识掌握了"道法"的圣贤，自然具有了治理社会的合理合法性，"上贤为天子"彻底消解了君与贤之间的矛盾，"为之以民"也成为彰显万物自性及个体自由发展的依据。

第四，基于物理、人情的秩序统治。天文、地理、人情是社会秩序得以构建的基本要素。《鹖冠子》中少言人性，而多言人情。君王、圣人之所以能够统治成千上万，甚至更多的民众，就是根据这种人情。《王𫓧第九》载鹖冠子曰："虎狼杀人，乌苍从上，蝼蛾从下聚之。六者异类，然同时俱至者何也，所欲同也。由是观之，有人之名，则同人之情耳，何故不可乎。"虎狼杀了人之后，乌鸦老鹰从上捕食，蚯蚓小虫从下聚集腐食。六种动物属于不同的种类，但都来到这里，是因为它们有一样的欲望需求。由此看来，人也具有一样的欲望情感，根据欲望中想得到与逃避的东西来采取奖赏、惩罚等措施，无论是一个人，还是一国的人，都可以得到有效的治理。人类的欲望具有类似性，并且是天然合理的，《度万第八》中说"无欲之君不可与举"，即表明欲望是建功立业的动力。《鹖冠子》不仅从内在欲望来说明人情，而且还从日常喜好、生活习惯来说明，比如好逸恶劳、乐生恶死等。由于人情存在这种两面性，因此需德、刑兼备，以形成有效的社会治理。

第五，主张"无为而无不为"。《鹖冠子》中的"无为"主要通过三种途径：一是"君无为而臣有为"，即"重贤"的观点；二是顺应"自然"而为，自然与社会法则具有一致性，即"法治"

的观点；三是尊重万物自性，即以民众为前提的"自化"观点。

第六，提倡"卫精、擢神、致气"。《泰录第十一》指出：圣人虽然生命有限，后天地而生，先天地而亡，却能够知道天地的始终，就是因为圣人具有尊贵的精神，能够在有限的生命时空中观照无限的宇宙。因此圣人内在的先觉能力是精神之原。圣人作为主宰者，护卫精气，以求达到神妙通达的境界。

第七，融合各家之长。《鹖冠子》合理吸收了儒家的礼义思想，但认为教化忽略了人的自然本性，因此"彼教苦故民行薄"，造成了本末倒置。贯彻了法家的令行禁止，但重新以道、民为本对法的来源与目的进行了界定，设立了"为之以民"的政治原则，防止法作为君主统治工具而助纣为虐。推崇墨家的"尚贤"思想，甚至认为"上贤为天子"，但又对其天道鬼神观进行了摒弃。在这些理论的批判继承中，端正本末，肃清本源，构建法则，以求达到理想和乐的大同社会。

不仅如此，《鹖冠子》还展现出自身理论特色，推动了黄老学的发展，是其他黄老学著作所缺乏的，主要表现为以下四个方面。

第一，成书时间跨度长、涉及楚国、齐国、赵国的黄老学思想，明晰、充实了黄老学派发展的线索。

从文献上来讲，《鹖冠子》有先秦篇章，有明确成书于秦代的篇章，还有汉初特色的篇章，能够使我们持续了解黄老学在不同历史时期的思想变化。

从义理上来讲，《鹖冠子》表明了天人关系的两次转变：一是从具有神、巫意义的祸福之天，转变为"天不能使人，人不能使天"（《兵政第十四》）的物理之天，天人二分；二是从天人二分重新转变为"天人同文，地人同理"的天人同构，但这次同构的天人关系具有自然理性色彩，意义重大。

从时间跨度、地理因素来讲，《鹖冠子》所提供的文本基础以及观念转变，可以帮助我们理解从战国末期至于汉初，随着六国的覆灭和统一，黄老学也表现出南北思潮的融合统一。来自南方、具有明显楚国思想特色的鹖冠子吸取了齐国兴盛的黄老观念，并活动于赵国（汉初尊崇黄老学的窦太后是赵人），为汉初黄老学成为官方统治思想奠定了基础。

第二，"为之以民""上贤为天子"的政治观念丰富了"道生法"的黄老学基本命题，使道法的实施具有了明确的价值指向。"为之以民"是行道之关键，只有民众自身才能体会最合理的治理方式，这是他人不能代替的。圣贤为之以民，执道之要彰显名法，依法治国，"上贤为天子"保障了道法政治秩序。

第三，构建了黄老道家具体而理想的政治制度。《王鈇第九》建立了以"天曲日术"为核心，包括"人情物理""啬万物""与天地总""与神明体正"几个方面的"成鸠之制"；《度万第八》提出了完善的"五正"政治论，依据道法的实践程度分为神化、官治、教治、因治、事治几个层次，无论是现实制度还是理想境界都被囊括其中，显示了多层次的理论包容性；《泰鸿第十》论及"大同之制"，提出了"为之以民""易姓为王"的进步学说。各时期的具体制度名号虽然不同，但都秉持着道法政治的一贯主张。

第四，提供了黄老学从先秦之"一"到汉初之"泰一"的思想发展线索。战国末期的大一统政治需求，亟须理论支撑。而老子之道"贵贱不分"（《荀子·天论》），关注万物自性，主张小国寡民，如果以原始之"道"作为最高观念，难以引导现实的政治发展。于是注重政治现实的黄老学派就突出强调"一"，从万物一理、人我一心、君民一体、天下一统的角度出发，宣扬"执一""专一"，使黄老学逐步发展繁盛。《鹖冠子》以"道法自然"充实了源自楚地的星巫观念"泰一",并与赵国黄老思想融合,促使"泰一"成为汉初官方的宗教信仰。

参照司马谈《论六家要旨》"道家使人精神专一,动合无形,赡足万物。其为术也,因阴阳之大顺,采儒墨之善,撮名法之要,与时迁移,应物变化,立俗施事,无所不宜,指约而易操,事少而功多"之说,可知这是汉初已经理论成熟的道德家。《鹖冠子》作为周末汉初逐步发展成熟的黄老学说,不仅展现出完全符合上述"道家要旨"的思想内容,同时也为其发展、成熟提供了重要的文本线索。

第三节 真伪论说

《鹖冠子》在学术史上曾经饱受争议,真伪难断。韩愈、柳宗元作为影响深远的著名学者,却对《鹖冠子》有截然不同的看法,导致后人形成认识的分水岭。韩愈正面评价《鹖冠子》,而柳宗元认为其言语"鄙浅",是后人伪作。宋明清学者各有附议,但仅是提出了更多的细节性问题,论点并未有推陈出新,并且"伪"书是主流认识。马王堆《黄老帛书》的出土,为《鹖冠子》研究提供了实证材料和新的契机。学者们发现《鹖冠子》与《黄老帛书》有很多类似甚至相同的语句,思想具有连贯承接性,基本可断定《鹖冠子》其书为真,为周末汉初黄老学的代表著作。

一 从韩愈、柳宗元评论延伸出的真伪之争

《鹖冠子》在唐朝之前的评说较少,汉代的记载仅有鹖冠子著书《鹖冠子》,无涉内容。南北朝时刘勰在《文心雕龙·诸子第十七中》中说:"鹖冠绵绵,亟发深言。"① 刘勰作为著名的文学评论

---

① 刘勰著,周振甫注:《文心雕龙注释》,人民文学出版社 1983 年版,第 189 页。

家，认为《鹖冠子》语句流畅，意旨深奥。同时认为贾谊采用了《鹖冠子·世兵第十二》中的文句，《文心雕龙·事类》篇说："观乎屈宋属篇，虽引古事，而莫取旧词，唯贾谊《鹏鸟赋》，始用《鹖冠子》之说。"这大概是唐朝之前学者的共识。此后唐朝《艺文类聚》《群书治要》《意林》中均引用了《鹖冠子》的一些文句，① 由于几乎没有评说，只能说明其尚在流传。直到韩愈、柳宗元发表了态度完全不同的评论，才使众多的学者关注《鹖冠子》，真伪之辩也更加细致深入。韩愈在《读〈鹖冠子〉》② 中说：

> 《鹖冠子》十有六篇。其词杂黄老刑名，其《博选篇》四稽五至之说当矣。使其人遇时，援其道而施于国家，功德岂少哉！《学问篇》称贱生于无所用，中流失船，一壶千金者，余三读其辞而悲之。文字脱谬，为之正三十有五字，乙者三，减者二十有二，注十有二字。

韩愈从内容上赞赏《博选第一》篇中的"道凡四稽"与"五至"说，而对《学问第十五》篇的内容感同身受。韩愈首次总结《鹖冠子》是"黄老刑名"之说，陆佃也持此说，宋濂又发扬为"黄老之至言"。由此可见，古人在褒奖《鹖冠子》的同时，已基本认定该书是黄老学著作。

但柳宗元和韩愈的态度完全不同。柳宗元非常欣赏贾谊的《鹏鸟赋》，但当时的学者普遍认为贾谊此篇是仿照《鹖冠子》而作。因此他专门到京师寻访《鹖冠子》，却无所得。到长沙时才找到，但他读完之后认为不是《鹏鸟赋》采用了《鹖冠子》中的内容，

---

① 详参孙福喜《〈鹖冠子〉研究》第二章"历代学者对《鹖冠子》的征引、述评与研究"，陕西人民出版社2002年版，第35页。

② （唐）韩愈：《韩昌黎全集》，中国书店1991年版，第183页。

而是《鹖冠子》借鉴了《鵩鸟赋》中的优美词句来增强可读性。《鹖冠子》乃是好事者伪作，柳宗元在《辨〈鹖冠子〉》①中说：

> 余读贾谊《鵩鸟赋》，嘉其词，而学者以为尽出《鹖冠子》。余往来京师，求《鹖冠子》无所见，至长沙始得其书。读之，尽鄙浅言也，唯谊所引用为美，余无可者。吾意好事伪为其书，反用《鵩鸟赋》以文饰之，非谊有所取之，决也。太史公《伯夷列传》称贾子曰："贪夫殉财，列士殉名，夸者死权"。不称《鹖冠子》。迁号为博极群书，假令当时有其书，迁岂不见耶？假令真有《鹖冠子》书，亦必不取《鵩鸟赋》以充入之者，何以知其然耶？曰：不类。

柳宗元认为《鹖冠子》伪作的原因有二：一是言语鄙浅，除了和贾谊《鵩鸟赋》中类似的语句优美外，其余没什么可读性；二是司马迁在引用类似语句时没有提到《鹖冠子》。其实这两点都不能作为证伪的充分必要条件，前者是主观阅读感受，后者是单本孤证。但由于柳宗元是文学巨擘，从之论者甚多。②其中有新意的是王应麟与《周氏涉笔》的作者，前者从文本、后者从内容方面补充论证了《鹖冠子》之"伪"的理由。

王应麟在《汉书·艺文志考证》中说："《鹖冠子·博选》用《国策》郭之言，《王鈇》篇用《齐语》管子之言，不但用贾生《鵩鸟赋》而已。柳子之辩，其知言哉！"在文本方面补充了柳宗元因袭之说，说明《鹖冠子》中还有另外两处可疑的段落：《博选第一》篇的"五至"说和《战国策·燕策》中郭隗的言论；《王鈇第

---

① （唐）柳宗元：《辨〈鹖冠子〉》，《柳河东全集》，中华书局1979年版，第116页。

② 详参孙福喜《〈鹖冠子〉研究》第二章历代学者对《鹖冠子》的征引、述评与研究，陕西人民出版社2002年版，第35页。

九》篇中"成鸠之制"的社会结构与《国语·齐语》中管子的设想一致。而《周氏涉笔》是从内容上否认《鹖冠子》:①

> 韩文公读《鹖冠子》,仅表出首篇"四稽五至",末章"一壶千金",盖此外文势阙,自不足录。柳子厚则断然以为非矣。按《王铁篇》所载全用楚制,又似非贾谊后所为。先王比闾起教,乡遂达才,道广法宽,尊上师下,君师之义然也。今自五长,里有司,扁长、乡师、县啬夫、郡大夫,递相传告,以及柱国令尹,然动辄有诛,柱国灭门,令尹斩首,举国上下,相持如束湿,而三事六官,亦皆非所取,通与编氓用三尺法,此何典也?处士山林谈道可也,乃妄论王政,何哉?陈氏曰:陆佃解今书十九篇,韩吏部称十有六篇,故陆谓其非全。韩公颇道其书,而柳以尽鄙浅言,自今考之,柳说为长。《崇文总目》今书十五篇,述三才变通古今治乱之道,唐世尝辩此书后出,非古所谓《鹖冠子》者。

《周氏涉笔》的作者考察韩、柳之说,不赞成柳宗元关于《鹖冠子》因袭贾谊《鹏鸟赋》的说法,但也反对韩愈的正面评价。他认为《王铁第九》对官员的刑罚太苛刻,而官民同法,简直是妄论王政,因此总体上赞同柳宗元。殊不知"法"正是贯穿《鹖冠子》全书的主线,法的正义性与普遍性也是其寻求的核心价值之一。宋濂十分反对周氏的看法,在《宋濂文粹》中评论《鹖冠子》说:

> 楚人撰,不知姓名。常居深山,以鹖羽为冠,著书四卷,

---

① 《周氏涉笔》,《文献通考》卷211,经籍考三十八,《钦定四库全书》文渊阁本。

因以名之，其书述三才变通，古今治乱之道，而《王铁篇》所载楚制为详，立言虽过乎严，要亦有激而云也。周氏讥其以处士妄论王政，固不可哉！第其书晦涩，而后人又杂以鄙浅言，读者往往厌之，不复详究其义。所谓天用四时，地用五行，天子执一，以守中央，此亦黄老家之至言。使其人遇时，其成功必如韩愈所云。黄氏又谓韩愈猎取二语之外，余无留良者，亦非知言也，士之好妄论人也如是哉！陆佃解本十九篇，与晁氏削去五卷者合，予家所藏，但十五篇云。

宋濂认为《鹖冠子》本来言语晦涩，后人又增添删改，如果不仔细阅读就不能真正领悟其核心义理。周氏与黄震等人没有通晓文义，就加以贬斥，可见士人喜欢胡说八道的程度。宋濂延续了韩愈的赞赏态度，并且驳斥了附和柳宗元的部分学者。

明万历年间胡应麟在《四部正伪》一书中，综合柳宗元、陆佃、宋濂三家之说，文本上认可柳宗元之说，而在思想上认可韩愈、陆佃。他认为"《鹖冠子》是战国有其书，而后人据《汉志》补之"。后人确实以《鹏鸟赋》文饰《鹖冠子》，但"词气瑰特浑奥，时时有之，似非东京后人所为"。《鹖冠子》成书于西汉年间，且语句义理方面都很有造诣。可见，明朝学者在文本、义理方面对《鹖冠子》有了进一步的研究，既摒弃了柳宗元对文辞义理的浅陋认识，也弥补了韩愈对文本考究的疏忽。

近人吕思勉也与胡应麟观点相近，他在《经子题解·鹖冠子》中说：

按《汉志》止一篇，韩愈时增至十六，陆佃注时，又增至十九，则后人时有增加，已决非《汉志》之旧，然今所传十九篇，皆词古义茂，决非汉以后人能所为。盖虽非《汉志》之旧，而又确为古书也。……全书宗旨，原本道德，以为一切治法，皆当随顺自然。所言多明堂阴阳之遗。儒、道、名、法之书，皆资参证，实为子部瑰宝。

　　吕思勉认为今本《鹖冠子》已经不是《汉志》所载旧书，但又非汉之后作品。今本《鹖冠子》共十九篇，无论从文体还是篇章内容的衔接看，都不大符合《汉志》中对"篇"的普遍理解。但吕思勉在马王堆帛书出土之前，已将成书时间断为汉代，胡应麟更近为西汉，可见今本《鹖冠子》的语词思想特征比较明显，使学者模糊认识到今本十九篇与《汉书》中记载的"一篇"的存在时间非常接近。马王堆帛书出土后，《鹖冠子》的成书时间范围进一步缩小，大大推进了研究进展。

　　总体来说，虽然柳宗元认为《鹖冠子》"尽鄙浅言"，《周氏涉笔》也批评说"妄论王政"，但以韩愈、陆佃、宋濂为首的一批学者均认可《鹖冠子》是黄老学的重要著作。且朱养和认为"读其词虽似有错综散漫处，然而一种高异之旨堪与《庄》《骚》《灵素》相颉颃"。[①] 他认为《鹖冠子》超脱而又不离于现世的精神追求可以与《庄子》《离骚》相媲美。吕思勉评价《鹖冠子》是子部瑰宝，可见其中蕴含着丰富的思想内容。但宋濂、胡应麟、吕思勉都认为今本《鹖冠子》不是《汉书》中记载的"一篇"，在一定程度上是伪书。

　　综上所述，古代学者认为《鹖冠子》是伪书，主要从文本与思想两个方面来推断。从文本来看，篇数增多，段落雷同，言辞鄙浅；从内容来看，官民同法的道法主旨不符合其时代价值。这些伪书之论已经被当今学者逐条批驳，达成《鹖冠子》为真的共识。但

---

　　① 朱养和：《〈鹖冠子〉集评凡例》，北京图书馆善本部藏花斋刊本《〈鹖冠子〉集评》。

在古时，《鹖冠子》依然是真伪难断的，乾隆帝对于《鹖冠子》的题诗就具有代表意义。

清高宗乾隆帝曾在碧云馆活字本《鹖冠子解》① 扉页题诗（1773），代表了他对于《鹖冠子》以及韩愈、柳宗元的真伪之争的理解，诗云：

> 铁器原归厚德将，杂刑匪独老和黄。朱评陆注同因显，柳谤韩誉两不妨。
> 完帙幸存书著楚，失篇却胜代称唐。帝常师处王友处，戒合书绅识弗忘。
>
> （乾隆癸巳季夏中澣御笔）

乾隆帝认为"柳谤韩誉两不妨"，对于《鹖冠子》文本来说，无论是韩愈的赞誉之辞还是柳宗元的毁谤言语，都不妨事，幸运的是书稿尚存。身负治国重任，要时刻谨记书中所言"帝常师处王友处"，千万不要合上书本就忘记。对待贤人如师者一般，成就的是帝业；对待贤人如朋友一般，成就的仅是王业。乾隆帝之诗首词即提"铁器"（皇权象征），落笔于帝王之业，一方面因其身份，另一方面也说明了《鹖冠子》一书中蕴含着丰富的治国方略，可供资鉴。

---

① 碧云馆活字本《鹖冠子解》，版心镌有"碧云馆""弘治年"或"活字本"等字样，每半页十行，行二十字，白口，四周单边，注大字低一格。目前所知碧云馆刻书传世仅此一部。活字印刷自北宋毕昇发明以来，13 世纪末元代王祯发明转轮排字的木活字。如今宋元活字刻本早已失传，此本为中国现存最早的木活字刻本实物。正如书中袁克文跋云"此本为聚珍丛书所祖，且明活字本传世绝希，至足宝也"。此书扉页有吴昌硕篆书题签云"明碧云馆鹖冠子，彝盦属老缶篆"，"彝盦"即朱文钧，"老缶"即吴昌硕。此本在清代曾为扬州马氏小玲珑山馆旧藏，乾隆年间修《四库全书》时马裕进献内府，即四库采进本。其书衣钤有"乾隆三十八年四月两淮盐政李质颖送到马裕家藏鹖冠子壹部计书一本"朱文长方印，卷首钤有"翰林院印"满汉朱文大方印。

以乾隆帝为代表，可以综述古人的基本观点：《鹖冠子》虽然真伪难断，但并不重要，重要的是后人包括帝王依然可以从《鹖冠子》文本中汲取积极的思想借鉴意义。《鹖冠子》的真伪迷雾，仅仅依靠古代目录学记载或者义理分析已经难以明晰，所庆幸的是，马王堆帛书的出土为近现代学者研究《鹖冠子》提供了新的光明坦途。

二　近现代学者的主流认知——《鹖冠子》为"真"

1973 年 12 月，湖南长沙马王堆 3 号汉墓出土了一批帛书，其中帛书老子乙本前附有《黄老帛书》，据唐兰考证即为失传已久的《黄帝四经》。《黄老帛书》的出土，不仅为黄老学研究提供了可靠的史料依据，同时也为《鹖冠子》研究提供了实证材料和新的契机。学者们发现《鹖冠子》与《黄老帛书》有很多类似甚至相同的语句，思想具有连贯承接性，基本可断定《鹖冠子》其书为真，为周末汉初黄老学的代表著作。

至今学界已有研究《鹖冠子》的专著 5 本（国外 2 本），译注 2 本，博士学位论文 1 篇，硕士学位论文 5 篇（台湾 3 篇），中外期刊论文 60 余篇，形成了一定的规模。另有蔡志忠《漫画鹖冠子》一书，以漫画的方式向大众展现《鹖冠子》的内容，风趣易懂。

专著主要有：孙福喜的《〈鹖冠子〉研究》，陕西人民出版社 2002 年出版；杨兆贵的《鹖冠子新论》，澳门大学 2012 年出版；林冬子的《〈鹖冠子〉研究》，宁夏人民出版社 2016 年出版；戴卡琳的《解读〈鹖冠子〉——从论辩学的角度》，杨民译，辽宁教育出版社 2000 年出版；克劳斯·卡尔·诺伊格鲍尔的《鹖冠子：对话诸篇的研究》，法兰克福皮特·朗，1986 年出版（Klaus Karl Neugebauer, *Hoh - Kuantsi：Eine Untersuchung der dialogischen Kapitel*, Frankfurt am Mein：Peter Lang, 1986.）。在校注方面，有黄怀信的《〈鹖冠子〉汇校集注》，中华书局 2004 年出版，以《子汇》本为底本，结合其他版本进行了校注，比较全面。徐文武的《鹖冠子译注》，湖北人民出版社 2007 年版，通俗易懂，可供参考。

在当代学者的研究中，认为《鹖冠子》为"真"书的学者主要有李学勤、葛瑞汉、吴光、丁原明、孙福喜、杨兆贵等，且已经成为学界的主流认识。吴光的《〈鹖冠子〉非伪书考辨》一文总结了《鹖冠子》被认为是伪书的主要原因：第一，历代目录学著作著录的篇数逐代增加；第二，内容和他书相同，被质疑抄袭，如《世兵第十二》认为是抄袭贾谊的《鵩鸟赋》，少数语句与《战国策》《国语·齐语》《管子·小匡》的重复现象；第三，司马迁的《史记》中没有提及；第四，言辞鄙浅，语意驳杂。吴光逐条批驳，认为这些理由均不成立，《鹖冠子》应是汉前的一部古籍。学界基本认为《鹖冠子》为真，但以下问题尚存争议。

1. 《鹖冠子》是否为鹖冠子一人所写；

2. 《鹖冠子》的成书时间是先秦、楚汉之际（汉前）还是汉初；

3. 今本《鹖冠子》是否为《汉书·艺文志》中所记载的"一篇"；

这些问题的解答对于进一步深入了解《鹖冠子》的思想有决定性作用，前辈学者的研究具有很大的借鉴意义。

孙福喜认为鹖冠子是楚人，而《鹖冠子》也是一人所著的先秦文献。他认为贾谊在写《鵩鸟赋》时参阅并征引了《世兵第十二》的内容；《博选第一》《著希第二》也没有秦始皇的避讳现象，非秦代作品；《王鈇第九》与《国语·齐语》中的类似内容是来源于共同的原始材料。而汉代时的"一篇"即是一捆，因此《鹖冠子》非伪书。黄怀信也通过分析说明：《鹖冠子》作者是一位出生于楚，游学并定居于赵，喜欢以当地所产鹖鸟羽毛为冠，并以此为号，曾做过庞煖老师而已佚名的隐士。《鹖冠子》文字的最终撰作年代，当在公元前236—前228年的先秦文献。这两位学者经过分析，认为《鹖冠子》是一本先秦文献。

吴光在《黄老之学通论》一书中，从《鹖冠子》的作者、成书年代、学派倾向和学说特点，说明鹖冠子学派及其著作《鹖冠子》的出现，正是与战国末叶至汉初历史发展及学术演变的趋势相吻合的。鹖冠子的活动年代在公元前300年—前220年前后，其书当成于"战国末期至秦楚之际"。① 葛瑞汉也在《鹖冠子：一部被忽略的汉前著作》中认为整本书思想一致，内在关联性强。书中之所以出现三种不同的理想国，是因为作者经历了从楚国末年、秦代、秦汉之间不同的历史时期。这些学者认为《鹖冠子》是一部先秦至汉前成书的文献。

杨兆贵《〈鹖冠子〉研究》一文，对全文十九篇进行分篇分析。② 上编共十章，对《博选第一》《著希第二》《天则第四》《道端第六》《近迭第七（兼论《兵政第十四》)》《王铁第九》《泰鸿第十》《泰录第十一》《世兵第十二》《学问第十五》十篇各自的特点进行了论述；下编对鹖冠子与《鹖冠子》的关系，形上学与理想政治论进行了综合论述。他认为今本《鹖冠子》十九篇不是鹖冠子一人所写，也不是一时一派之作。其中《近迭第七》《度万第八》《王铁第九》《兵政第十四》《学问第十五》五篇对话体反映鹖冠子的思想，其他大部分篇章反映战国晚期黄老学派的思想，也有的主要反映兵家思想。

林冬子在《〈鹖冠子〉研究》中提出，《鹖冠子》与《老子》《庄子》旨意相通，但更多地侧重于社会政治领域。《鹖冠子》力图建立一个理想上的统一的国家，但这种理想并没有现实回应。从

---

① 吴光：《黄老之学通论》，浙江人民出版社1985年版，第155页。

② 杨兆贵：《〈鹖冠子〉研究》，博士学位论文，北京师范大学历史学院，2003年。

思想上来看，《鹖冠子》仍是一部先秦著作。

戴卡琳在《解读〈鹖冠子〉——从论辩学的角度》一书中认为《鹖冠子》成书的时间背景在公元前 3—前 2 世纪前，鹖冠子可能是不少于三个朝代，周朝、秦朝和汉朝的臣民。她将研究的注意力从以篇为单位的研究转移到对各篇中各个段落，在分析文献的基础上结合论辩学，讨论了"一"的秩序之源，命名规范，政治主张以及君王观等问题。戴卡琳关于《鹖冠子》成书时间的看法，是一种较为中肯的论断。

丁原明在《黄老学论纲》第二章"战国南方黄老学的思想"第三部分论及《鹖冠子》的思想，从三个部分进行说明："道""气"论；法天地与法制度而治；从道法结合到道与仁义忠信的结合。认为《鹖冠子》不仅具有把气提升到宇宙本体的意味，并且由于《鹖冠子》以阴阳二气解释万物生成在时间向度上临近汉代的气一元论，故它适成为由道一元论向气一元论转型的过渡环节；同时《鹖冠子》在战国末年既主张道法结合，又提倡对仁义礼信等加以采用，便成了黄老学由道法结合过渡到道与仁义礼法等各家思想结合的中介环节。①

吴根友在《道家思想及其现代诠释》第一编"道家思想通论"第七节"其他道家——鹖冠子及其他"中论及"《鹖冠子》一书，以道家道论思想为纲纪，兼采儒法两家思想，重在论治国用兵之道"。认为《鹖冠子》反对独用君主一人之智，强调与贤人共治；不主张用兵，但亦不主张去兵；同时具有丰富的辩证法思想。②

张华在《〈鹖冠子〉对古代文学的影响》一文中阐述了三个部分的内容：第一，韩愈、柳宗元与《鹖冠子》；第二，贾谊与《鹖冠子》；第三，《鹖冠子》对古代文学的影响。作者认为《鹖冠子》

---

① 丁原明：《黄老学论纲》，山东大学出版社 1997 年版，第 121—124 页。
② 吴根友：《道家思想及其现代诠释》，上海交通大学出版社 2018 年版，第 128—132 页。

对中国古代文学的影响，主要是在作品内容、风格及意象塑造等方面。除去贾谊，《鹖冠子》被后世文学广泛征引，如苏轼在《东新桥》诗里说："出没如凫鹥，似卖失船壶。"明代文人罗明祖的《罗纹山全集》中有《读鹖冠子》，称其"词格巉峭。而旨意玄微，如对深山，道流穆然，不与人接一语"，是从文风角度来解读《鹖冠子》。《鹖冠子》对文学的影响，还表现在为文学创作提供了"鹖冠子"这样一个放达高蹈的隐士形象。如杜甫《耳聋》诗曰："生年鹖冠子，叹世鹿皮翁"。①

综合前辈学者的研究，可以看到在《鹖冠子》的作者、成书时间方面还存在着分歧：（1）从作者来看，有鹖冠子一人说与多人说；（2）从时间上来看，有先秦说、汉前说与汉初说三种，但均在黄老学繁盛的时期；（3）从学派归属来看，虽然有不同意见，但黄老学是主流。除此之外，文本的逻辑与义理问题也存在较大分歧，如争论较多的四个方面：（1）篇章之间的一致性与相互关系；（2）一、道关系论争；（3）道法是否存在自然法的内涵；（4）元气观的质疑；（5）由名、形关系引起的唯名论、实在论之争。无论是文献自身还是思想义理，这些问题都为《鹖冠子》的进一步研究提供了空间。

第四节 《鹖冠子》文本的真实性与研究空间

判断《鹖冠子》的真伪，首先要确立真伪的标准。古人多以《鹖冠子》是否与《汉志》中的"一篇"相符为标准，断为"伪书"。如果按照这个标准，纵然《鹖冠子》十九篇均成书于《汉志》之前，也无法断言就是刘向看到的"一篇"，说《鹖冠子》为

---

① 张华：《〈鹖冠子〉对古代文学的影响》，《中国道教》2016年第3期。

"真"。因为参照《汉志》中"篇"的普遍规范，从十九篇的文体及内容之间的衔接来看，混为一篇的可能性实在很小。根据推测，当时可能有两种本子：一种是《汉志》中的"一篇"本，一种是民间流传的多篇本。刘向也许没有见到另外的本子，也许见到了，但对此进行了删节，仅保留他认为是先秦道家的篇章。因此，仅从这个角度来判断《鹖冠子》真伪，存在一定的漏洞。如果以周末汉初黄老学的时代特征与理论内涵为参考标准，明晰《鹖冠子》各篇章的成书时期，并与其他书籍互证，在此基础上结合目录学的记载来判断真伪，则更严密，也能凸显《鹖冠子》的思想价值与理论意义。

《鹖冠子》完全符合周末汉初黄老学的理论特征，已在第二节论述。从《鹖冠子》与其他书籍的互证来看，对话体《度万第八》《王铁第九》与论述体《博选第一》明显引用了《黄老帛书》中的相关内容，思想具有顺承一致性。论述体《天则第四》《环流第五》引用了《管子》中的相关段落，但由于主要概念的改换，使《鹖冠子》呈现出与《管子》相对不同的风貌。《世兵第十二》和《天权第十七》讨论兵道，结合史实与认识论说明了黄老用兵之道，和银雀山汉墓竹简的联系非常紧密。《黄老帛书》成书于战国中期，《管子》成书于战国末期，而银雀山汉墓竹简写于汉初，为断定《鹖冠子》成于周末汉初提供了文献佐证。

结合目录学的记载，《汉志》中的"一篇"到《隋志》的"三卷"增幅较大，学者多有非议。之后虽然有十五、十六、十九篇的差异，但基本是由于流传版本的不同，记载无大异。增幅的情况因为汉代"篇"定义的模糊，以及当时可能另一版本的存在，不能因此断定《鹖冠子》为伪书。排除这个可疑的判断标准，综合以上方面讨论，可基本认定《鹖冠子》是成书于周末汉初的黄老学著作。

马王堆帛书出土以来，学者们基本认为《鹖冠子》为真，并取得了丰硕的研究成果，为本书的写作提供了详尽的资料参考与解决问题的方法指引。基于前辈学者的研究，本书尝试在以下几个方面继续推进。

一　文献方面

1.《鹖冠子》是否一人所著。如果答案是否定的，那么哪些篇章可以代表鹖冠子本人思想，哪些是后人（弟子）阐发。本书尝试根据文体的不同，将全书除去《世贤第十六》《武灵王第十九》外的十七篇分为三个部分。

第一部分：记载鹖冠子与弟子庞子的五篇对话，以天地为道法依据。包括《近迭第七》《度万第八》《王鈇第九》《兵政第十四》《学问第十五》。

第二部分：没有论及北斗、泰一相关内容的五篇论述。包括《博选第一》《著希第二》《夜行第三》《道端第六》《备知第十三》。

第三部分：北斗、泰一相关的七篇论述。包括《天则第四》《环流第五》《泰鸿第十》《泰录第十一》《世兵第十二》《天权第十七》《能天第十八》。

第一部分的文献，是在道法的原则下，以天地为形上依据。"九道"说明了道的具体内容，"圣生道，道生法"显明了圣人的绝对地位、自然社会法则的总原则，确立了"以五为一""以一度万"的天人合一思维方式，构建了"成鸠之制"的大一统政权以及"五正"的多层次政治观。可以说，这五篇文本已经包含了全书的多数重要思想，具有主导地位。

第二部分的文献，是对话体篇章某一主题的解释或相近论证，进一步阐述重贤、法自然的道法原则。《博选第一》说明选贤的重要性，核心命题是"道凡四稽"与"五至"。前半部分与《黄老帛书·经法四度》中的"四稽"类似，后半部分与《战国策·燕策》中郭隗的说法相似。《著希第二》篇说明人先天的情欲和后天的修养。人均有情欲，但君子能遵循礼义自我约束。《夜行第三》说圣人遵循道而有"夜行"，《道端第六》说明人事应当效法天地，《备知第十三》特别说明圣人在乱世，不仅要知道做义事，也要知道君主之心，才能保全自身，建功立业。这些篇章是对话体篇章中"圣生道，道生法"的进一步解释，因此被收录其中。

第三部分文献，在论及北斗、气泰一的七篇论述体篇章中，将"一"作为道的最高抽象性与天象北斗星联系起来，成为宇宙的枢纽；万物的终极一致性与弥漫无形的气结合，超越了以水等表象事物为主体的粗浅生成论，建立了气本论；圣人通过精、气、神的养炼与自然合一，有了神秘化色彩，开始向宗教形态转变；构建出九皇之制、大同之制的理想政治。

第一、第二部分文献的理论形态接近，但第三部分已经表现出了理论的不同形态。而且无论从气论的发展角度，还是精神、泰一的说法，都表明比第一部分晚出。如果第一部分的五篇对话是弟子所记录，那么第三部分也不可能是鹖冠子本人所写，而是具有理论创新意识的弟子们所著。那么仅有第二部分的五篇论述可能是鹖冠子本人所写，但也只是一种猜测。总体来说，第一部分的五篇对话虽然是弟子记载，但反映了鹖冠子本人的思想，其他篇章是鹖冠子思想的辅助解释或者创新解释。从作者的角度看，只有第二部分中的一些篇章可能是鹖冠子亲手所写，其余皆为弟子们的阐发。《鹖冠子》一书是由鹖冠子弟子记录老师言论的对话篇、收集反映老师思想的散篇、加上后期弟子的传承发展篇三部分编纂而成。从思想的角度看，全书虽然表现出了不同阶段的差异性，但整体思想一致性，可以看作鹖冠子学派的代表作。

2. 进一步确定《鹖冠子》的成书时间：先秦、秦楚之际与汉初的哪个断点。学者们通过研究，基本将文献划定为先秦、汉前或者汉初，但具体的历史时期，仍然存在争论。本书尝试在将《鹖冠子》全书分为三部分的基础上，详细说明各部分的成书时间，在文献的思想变化中参照历史背景的变迁，从而能更深入地理解文献的时代意义。

从文中讨论的历史事件、出现的避讳现象、同时期文献的佐证中，可以较为确切地推断一些篇章的成书时间。如《近迭第七》在对话中提及诸国争雄的时代背景，《王铁第九》中的成鸠之制提及统一政权的可行性，可推断这两篇成书于先秦。《度万第八》中涉及对秦始皇废除谥号一事的批评，可知该篇成书于秦末，或者楚汉之争时期。《博选第一》《著希第二》《学问第十五》中出现了对秦始皇名字的避讳现象。相似的语句如"端倚有位""端神明"等，在《黄老帛书》中均写为"正"，在《王铁第九》中也有"与神明体正"的说法，但在第一、第二篇中写为"端"。可知此两篇成书于秦。《学问第十五》篇中"绪端"实则为"绪正"，也出现了避讳现象，同样成书于秦。以上篇章是构成第一、第二部分的主要部分，结合余下篇章的思想特征，基本可以说第一、第二部分成书于汉前。这两部分内容不仅在理论形态上相对一致，而且在时间段上也比较接近。而《泰鸿第十》《泰录第十一》两篇中关于泰皇、泰一的讨论，已经和秦时的思想不同，接近于汉。《世兵第十二》篇和贾谊《鹏鸟赋》存在大段重合，此篇可能也有汉初背景。《世兵第十二》《天权第十七》篇中均出现了"陈以五行，战以五音"的语句，相关思想在银雀山汉墓竹简的《阴阳之十一·天地八风五行客主五音之居》中有较为详细的论述，可知此两篇成书最晚成于汉初。这些篇章多少已经有了汉初的时代色彩，并和第一、第二部分的理论形态有较大不同。

从《鹖冠子》成书时间的上、下限来看，第一部分中的《近迭第七》《王鈇第九》可以作为成书较早的篇章，代表整体时间段的上限，为先秦；第三部分中的《泰鸿第十》《泰录第十一》等篇可以看作成书较晚的代表作，下限在汉初。从先秦到汉初，这也和黄老学兴盛的历史时期相一致。结合时代背景来看，《近迭第七》《王鈇第九》成书于战国末期，讨论的话题是如何夺取战争胜利以及建立大一统政权；《度万第八》成书于秦末，通过思考政权的合理性批驳秦朝暴政。而在《泰鸿第十》《泰录第十一》中，已经为大一统政权找到了新的至上依据"泰一"，天地也要遵循它而行。这或许是在表明，新的政权需要新的法则依据把天、地、人统一起来。

从构成全书的三部分内容来说，第一、第二部分成书于汉前，而第三部分的下限在汉初。第二部分无论在思想上，还是时间上，都和记载鹖冠子对话的第一部分更为接近，两者可以看作鹖冠子学派的前期。而第二部分发展创新了第一部分的思想，时间上也稍晚，可能是学派后期思想的反映。前后期的篇章在时间上可能存在重合性，后期只是比前期同时而稍晚。从两段时期以此区分看待《鹖冠子》的篇章构成，能够在理解各篇的思想内涵与理论特征的基础上，呈现出较为清晰的思想发展脉络，呈现出整体性与阶段特点的一致，更易于全面认识鹖冠子学派。

3. 说明《鹖冠子》与其他文献的重复之处，是简单的抄袭，还是有所不同。与其他书籍具有相似的段落，这是《鹖冠子》之前被认为是伪书的重要原因之一。本书对这些相似的段落进行仔细分析，尝试说明这种相似是简单的因袭还是有所不同与发展。

学者们认识比较多的是：《博选第一》与《战国策·燕策》相同的段落，《王鈇第九》与《国语·齐语》相同的段落，《世兵第十二》篇与《战国策·赵策》、鲁仲连《遗燕将书》中相同的段落，与贾谊《鹏鸟赋》中相同的文句。之后戴卡琳发现《天则第四》与《管子·立政第四》一篇中存在相似的段落。除去这些之外，其实还有《环流第五》篇中与《管子·形势第二》篇中的类似段落。鉴于前四篇的重合之处学者已经多做讨论，本书重点说明《环流第五》篇与《管子·形势第二》的相似之处。先看《管子·形势第二》中论及一、道关系：

> 道之所言者一也，而用之者异。有闻道而好为家者，一家之人也；有闻道而好为乡者，一乡之人也；有闻道而好为国者，一国之人也；有闻道而好为天下者，天下之人也；有闻道而好定万物者，天下之配也。

比较《环流第五》中的讨论：

> 阴阳不同气，然其为和同也；酸咸甘苦之味相反，然其为善均也；五色不同采，然其为好齐也；五声不同均，然其可喜一也。故物无非类者，动静无非气者。是故有人将，得一人气吉，有家将，得一家气吉，有国将，得一国气吉。其将凶者反此。故同之谓一，异之谓道。

在《管子》中，是从言和用的角度，来理解道的一与异。但在《环流第五》篇讲"同之谓一，异之谓道"，此处的异同在于人的主体行为，如果与道相符，那么就达到了"一"，如果相异，主客二分，那就谈不上"一"了，仅余下"无己"之道。从主客关系的角度来理解，"一"的范畴比"道"为丰富。这并不是简单的因袭，而是同一话题的差异认识。

从与其他文献重复的篇章来看，《天则第四》也是与《管子》

的语句相似，但理解也有差异。《世兵第十二》中的材料虽然大段落与《鵩鸟赋》相似，但也与主题相符合，并不是简单的因袭，而是一种借素材表达自身观点的形式。《博选第一》《王铁第九》中的重复是与其他书籍共同参考了一种流传较广的"通识"。由此看来，《鹖冠子》的作者确实听闻这些材料，并拿来为己所用，但进行了改造，甚至产生了与原材料不同的观点。这不是简单的抄袭或者拼凑，而是进行了对话和讨论，展现自身的理论特色。

4. 讨论全书整体一致性与篇章之间的关系。本书第一章首先将《鹖冠子》文本分为三个部分和两个时期，然后第二、三、四章分别从两个时期的前期、后期说明在不同的法则依据下，圣王观、政治论也随之表现出不同的理论特征。但道法依然是贯彻全书的内在线索。

从以上四个方面来看，《鹖冠子》一书取材广泛，与《黄老帛书》《战国策》《管子》《鵩鸟赋》都具有相同的素材，但认识却有差异；成书时间跨度较长，经历了先秦、秦末、汉初几个历史阶段；编辑成书的人不仅包括鹖冠子本人，至少也有弟子们的参与。不同的作者，不同的历史时期，使全书出现了对话记载和论述两种不同的文体形式，思想表现出不同阶段的理论特征，但它的内涵是如此透彻鲜明，"圣生道，道生法""上贤为天子""为之以民"，贯彻其中，以至于学者仍然能从散乱的线索、重复的素材、混乱的篇章顺序中读出整体一致性。特色鲜明而令人困惑，大概是所有研究者共同的初步感受。本书尝试从篇章构成、历史分期、思想发展的角度进一步深入研究《鹖冠子》，以解读者之惑。

二　义理方面

1. "一"与道的关系问题。孙福喜认为"一"就是"道"：

"'一'是道的初始状态和起点，道处于空虚无形的混沌状态时就可称为'一'。因而'一'既是万物的起始，又是万物的归宿。'一'不但是道通往宇宙万物一切通道的起始点，它自身也在这一通道上；而且它也是宇宙万物与人类社会政治生活秩序的最终归宿。"① 杨兆贵虽然认为"一"不是道，两者之间存在差异，"一是本体，道最多是与气在同一层次的形上之体"，"一"的地位要比道更为根本。② 国外的汉学家也认为"一"是《鹖冠子》的终极根源，比"道"的地位更为根本。

其实在《鹖冠子》中，"一"具有多层内涵，至少包括了："一"是万物起源；自然与社会法则的一致性；人的同一类本质；认识方法的归纳与演绎；基于道的主客观统一；特指北斗星。这说明在《鹖冠子》中，"一"的内涵是丰富的。至少在《环流第五》《天则第四》《天权第十七》《能天第十八》中的"一"不等同于"道"。如《环流第五》篇讲"同之谓一，异之谓道"，此处的异同在于人的主体行为，如果与道相符，那么就达到了"一"，如果相异，主客二分，那就谈不上"一"了，仅余下"无己"之道。从主客关系的角度来理解，"一"的范畴比"道"更为丰富。

2. "道法"之"法"与西方"自然法"的异同比较。戴卡琳说："西方学者对于《鹖冠子》的兴趣有一个特别的原因，他们想知道中国古代思想家，尤其是道家，到底有没有'Law of nature'（自然法）的观念。"③ 李约瑟也认为："如果有一本中国古籍能包括'Law of nature'的观念，应该是《鹖冠子》。"④ 至于《鹖冠子》

---

① 孙福喜：《〈鹖冠子〉研究》，陕西人民出版社2002年版，第265页。

② 杨兆贵：《〈鹖冠子〉研究》，博士学位论文，北京师范大学历史学院，2003年。

③ 戴卡琳：《西方人对〈鹖冠子〉的兴趣——自然法的普遍性》，《道家文化研究》第十五辑，118页。

④ 戴卡琳：《西方人对〈鹖冠子〉的兴趣——自然法的普遍性》，《道家文化研究》第十五辑，118页。

中是否具有"自然法"的观念，应当对西方语境中的"自然法"以及《鹖冠子》中的"法"进行仔细分析。首先，起源不同。《鹖冠子》中的"道法"，立足自然之道，其中自然作为事物发展、变化的必然性，是一种状态，并非自然界之实体。而西方的自然法来自于一个超验的世界，根源于柏拉图的绝对理念，或者是基督教神性的绝对存在。因此黄老派法哲学中的"道"与犹太基督教中的上帝、亚里士多德的第一推动者、柏拉图的理念的含义是不同的。其次，《鹖冠子》中的道法并不包含现代意义上的平等，没有西方自然法中"天赋人权"的内涵。因为道法仅仅保障到民，而非具体个人。圣人为民，因道立法，可以说道法在一定程度上平衡了君、民之间的权益，保障了民权，但并非每一个体的人权。况且民众的权益也是通过圣人的自觉来实现，而非民众自身的觉醒。道法从根本上强调圣人取得统治权力的合理性，进而保证了民众的利益，这和现代社会意义上的民权、人权理解本质上仍有差异。当然不可否认的是，《鹖冠子》基于"道"视域下的万物之"自性"，具有可发展为平等之人权的可能性。

3."有一而有气"的唯名论与实在论之争。葛瑞汉认为"这里就可以有一种没有充分发展的'实在论'基本原理，与晚期的墨家和荀子的'唯名论'相提并论"，[1] 但裴文睿认为《鹖冠子》的作者"在内心有一种关于名称的实在论"。[2] 戴卡琳消解了两者的争论，认为《鹖冠子》"在自然领域与人类领域之间并没有一个严格的区别，在抽象的秩序之源和具体的君主之间也没有一个严格的区别，所以，实在论和唯名论之间的对立就失去意义了"。[3] 这样的

---

① 戴卡琳：《解读〈鹖冠子〉——从论辩学的角度》，杨民译，辽宁教育出版社 2000 年版，第 195 页。

② 裴文睿：《〈鹖冠子〉和黄老思想》，古代中国（Early China），1991 年 16 卷，第 184 页。

③ 戴卡琳：《解读〈鹖冠子〉——从论辩学的角度》，杨民译，辽宁教育出版社 2000 年版，第 198 页。

认识比较符合作者原意，具有很大的启发性。

本书的研究力图解答《鹖冠子》的成书时代、作者问题，说明其思想一致前提下的阶段变化，总结其理论特色与不足之处，从而达成对鹖冠子学派整体思想的把握。

第 二 章

《鹖冠子》的篇章结构与逻辑发展

　　《鹖冠子》通行本共十九篇，其中七篇对话，十二篇论述。除去《世贤第十六》《武灵王第十九》外，①余下五篇对话发生在鹖冠子与庞子之间，可以代表鹖冠子本人的思想。论述体篇章中，一部分是弟子后学的创新发展，另一部分与话体篇章的思想密切相关。由于弟子后人参与创作，且经过篇章的收集编纂，所以全书篇幅长短不一，思想也呈现出整体一致前提下的不同阶段特点，从中可以看出鹖冠子学派的理论发展过程。

第一节　篇章结构与学派发展

　　全书以道法为内在线索，表现出天地、北斗、气、泰一不同的形上依据。结合思想与文体，可以将《鹖冠子》全书除去《世贤第十六》《武灵王第十九》外的十七篇分为三个部分：（1）以天地为主要法则依据的五篇对话，（2）没有明显北斗、泰一特征的五篇论述，（3）北斗、气、泰一相关的七篇论述。前两部分可以代表学派前期思想，以天地为法则依据，反映了鹖冠子本人及其早期弟子

---

　　① 《世贤第十六》中的对话发生在庞煖与赵卓襄王之间，《武灵王第十九》中的对话发生在庞煖与赵武灵王之间，均没有鹖冠子参与。但这两篇体现出的思想与全书一致。

们的思想；第三部分代表学派后期思想，出现了北斗的法则依据，气也成为物质的基本元素，最终建立起"泰一"的至上信仰。这两段时期的划分主要是从学派思想的发展角度，从时间上来说，可能是同时而稍晚。从战国后期开始，前期篇章的成书时间最晚在汉前，而后期篇章的下限在汉初，大概在《淮南子》之前。

以鹖冠子为主的五篇对话是弟子所记，虽然反映了鹖冠子的思想，但也不是本人所写。提及北斗气论的七篇论述体是弟子后学思想发展，那么仅剩下第二部分五篇论述体可能是鹖冠子本人所写，后被编书者搜集并整理到书中。因此全书十九篇，至少有十四篇可以断定不是鹖冠子本人所写，多数为弟子所著，收集编纂的工作也由弟子们完成，但集中反映了鹖冠子学派一致的思想主题。

一　文体的不同形式

根据文体的不同，可以初步将全书划分为对话体与论述体篇章。对话体篇章共有七篇：《近迭第七》《度万第八》《王铁第九》《兵政第十四》《学问第十五》《世贤第十六》《武灵王第十九》。其中前五篇的对话发生在鹖冠子与庞子之间，后两篇发生在庞子与赵国君王之间。其余篇章是论述体，虽然在《泰鸿第十》中出现了泰皇与泰一之间的对话，但由于不涉及具体的历史人物，仅是托神灵之言来提升论述的可信度，因此依然归为论述体。

前五篇记载了鹖冠子与庞子的对话，可以看作鹖冠子本人思想的反映。《论语》中记载了孔子及其弟子的对话，也是孔子弟子所著，但比较真实地反映了孔子本人的思想。吴光认为：

> 但《鹖冠子》不全是鹖冠子本人亲著。十九篇中，除去《庞煖》三篇之外，第七、八、九、十四、十五诸篇是记载鹖冠子与庞子的对话，说明是其后学所著。总的来看，该书是鹖

冠子学派的集体著作。①

这种看法比较中肯。这五篇记载了鹖冠子与庞子的对话，可能是弟子后学所记，能从中看出鹖冠子本人的思想。戴卡琳区分了对话与论述文体的不同，认为论述体篇章出自鹖冠子之手：

> 我们可以在书中的各种迹象上作进一步的探讨，认为论说篇的核心出自鹖冠子之手（第一到六篇，第十到十三篇，第十七到第十八篇），而对话篇将鹖冠子作为主角来描写（第七到第九篇，第十四、十五篇），则可能是其学生的著作。②

戴卡琳认为五篇对话是弟子后学所记，反映了鹖冠子本人的思想。但说论述篇章是鹖冠子本人所写，则需谨慎定论。如果论述体篇章是鹖冠子本人所写，而对话是弟子所记载，那么前者在时间上一般要早于后者，而且在思想上不会超越后者太多。但对话体篇章中的《近迭第七》《兵政第十四》成书较早，同时论述体篇章中的气、精神等概念，在理论上明显更加成熟，就很难说明论述体篇章是作为老师的鹖冠子所写了。还需要仔细分析不同文体篇章的思想内涵及其相互关系，才能进一步说明。

另外两段对话记载在《世贤第十六》《武灵王第十九》篇中，都与庞子相关。《世贤第十六》中是庞煖与赵卓襄王的对话，而《武灵王第十九》中是庞焕与赵武灵王的对话。庞煖作为赵卓襄王麾下的一员大将，曾在公元前242年大败燕国将领剧辛，后又合纵五国之军攻打秦国，赫赫有名。但庞焕不见记载，陆佃注解说："庞焕，盖

---

① 吴光：《黄老之学通论》，浙江人民出版社1985年版，第157页。
② 戴卡琳：《解读〈鹖冠子〉——从论辩学的角度》，杨民译，辽宁教育出版社2000年版，第29页。

煖之兄",仅是一种猜测。一些学者因为焕、煖古音同,将庞焕、庞煖看作一人。这两种看法均无确证,只能从中推测庞焕、庞煖可能师从鹖冠子。《汉书·艺文志》中记载有兵权谋家《庞煖》三篇,纵横家《庞煖》两篇。此两篇中论及计谋,而无纵横,极有可能是后人因为两者的师从关系,将兵权谋家《庞煖》中的作品混入了《鹖冠子》。吴光将此两篇加上《世兵第十二》中的部分内容看作兵权谋家《庞煖》三篇的混入。① 《世兵第十二》篇确有可疑,李怡严经过考证,认为此篇原是两篇文章,一篇原属《鹖冠子》,另一篇是由于错简而混淆其中,形成今本的样子。② 但是混淆其中的是否即兵权谋家《庞煖》中的一篇,仍然难以说明。

《世贤第十六》借用医人的故事来说明治国的道理。治病的最善手段是"未有形而除之",在疾病没有发生的时候就得到预防。这和《度万第八》中五正的最高境界"神化于无形",有异曲同工之妙。《武灵王第十九》中说明用兵的最善之道是"不战而胜,善之善者也",也蕴含此意。另外文中提到夜行,和《夜行第三》相关,均说明圣人成功于无形。这两篇以庞子为主的对话,除了庞子作为鹖冠子弟子的身份,篇章内容也与全书主旨一致,因此被附入《鹖冠子》中。为了从文体角度方便说明《鹖冠子》全书的思想发展,这两篇不在下文另作说明。但这并不影响此两篇作为鹖冠子弟子的作品,出现在《鹖冠子》中的合理性,以及与整个学派的思想一致性。

论述体篇章共有十二篇,在道法的前提下出现了北斗、元气、精神、泰一相关的理论创新发展,但并非所有的论述体篇章都提到了这些内容。其中《天则第四》《环流第五》《泰鸿第十》《泰录第十一》《世兵第十二》《天权第十七》《能天第十八》七篇均有提

---

① 吴光:《黄老之学通论》,浙江人民出版社 1985 年版,第 155 页。
② 李怡严:《鹖冠子世兵》的错简问题,《中国史研究》2003 年第 1 期。

及，其他篇章则无。没有提及的五篇论述体篇章是：《博选第一》《著希第二》《夜行第三》《道端第六》《备知第十三》。这些篇章仍然以道德、天地为主，没有出现北斗、气、泰一相关学说。

为了深入探讨《鹖冠子》一书的思想主旨与发展变化，结合篇章的不同文体，除了《世贤第十六》《武灵王第十九》外，初步将《鹖冠子》的篇章分为三部分：反映鹖冠子本人的思想的五篇对话体篇章、论及北斗、气、泰一、精神的七篇论述体篇章和余下五篇论述体篇章。在此基础上，分析各部分的思想内涵，说明相互关系，以期对全书的思想发展有整体了解。

二　思想的传承发展

以鹖冠子为主的五篇对话体奠定了全书的核心思想。"九道"说明了道的具体内容，"圣生道，道生法"显明了圣人的绝对地位、自然社会法则的总原则，确立了"以五为一""以一度万"的天人合一思维方式，构建了"成鸠之制"的大一统政权以及"五正"的多层次政治观。可以说，这五篇文本已经包含了全书的多数重要思想，具有主导地位。

在弟子后学发展时期，即论及北斗、气、泰一的七篇论述体篇章中，将"一"作为道的最高抽象性与经验世界中的北斗星联系起来，成为宇宙的枢纽；万物的终极一致性与弥漫无形的气结合，超越了以水等表象事物为主体的粗浅生成论，建立了气本论；圣人通过精、气、神的养炼与自然合一，有了神秘化色彩，开始向宗教形态转变。

论述体篇章虽然发展出了北斗、气、泰一的新角度，但丝毫没有改变道法、重贤、为民的思想本质。具体说来，弟子的七篇论述是对以鹖冠子为主体的五篇对话体篇章的解释说明。《天则第四》中的"圣人之所期""化之期""政之期""教之期""事之期"是对《度万第八》中"五正"的具体说明；《能天第十八》是对《兵政第十四》中"执"相关内容的阐释，《泰鸿第十》中的"天、地、人事，三者复一也"，是对《度万第八》中"天人同文，地人同理"的进一步深化。但两者主旨虽然相同，形上理论已经发生了变化，即创新性地引入北斗之"一"与气本论两个方面。因此，北斗、气、泰一相关的论述体篇章概为弟子后学对鹖冠子思想的发挥，不大可能是鹖冠子本人所写。

简单说，论及北斗、气、泰一的论述体七篇从以下几个方面发展了五篇对话篇章中的思想。从形上学的角度来看：对话体篇章中道、一并论，一用来表述道的抽象统一性，以及抽象—演绎的方法论，尊日、月、列星三光之"天"为法则依据。论述体篇章《天则第四》《环流第五》引入北斗星的天象说，作为"一"的实体表征，日、月、列星之"天"遵循北斗之"一"而运行。道在具体的法则层面，通过北斗显现自身，天地也围绕北斗而运转。

从生成论的角度来看：五篇对话体篇章仅在《度万第八》中论及生成论，是"天地—水火—阴阳之气"的生成模式，以水作为生成万物的中介，和前期道家《管子·水地》《太一生水》篇中的生成论有相似性。但在七篇论述体篇章中，《环流第五》的"有一而有气"，表明气已经具有了普遍性；《泰录第十一》的"天地成于（元）气"也说明气成为天地之根本，与前期以天地为开端的生成论不同。

从圣人观的角度来看：虽然两者都主张尚贤，五篇对话体篇章中也暗示了圣人的绝对地位，但七篇论述体篇章直接提出了"上贤为天子"的主张。五篇对话体篇章重视圣人以心作为主宰，对道的领悟与通达运用。七篇论述体篇章在此基础上，加入了气、精神的因素。

因此，论及北斗、气、泰一的七篇论述篇章与五篇对话体篇章虽然思想主旨一致,但理论形态和形上建构已经不同,后者在顺承前者的基础上推进了理论的发展,深化了其内涵。而余下的五篇论述篇章没有如此明显的创新特征,表现出与对话篇章接近一致的思想形态。

在文体区分的基础上,结合思想的创新发展,进一步详细说明构成全书的三部分内容。

1. 《近迭第七》《度万第八》《王鈇第九》《兵政第十四》《学问第十五》五篇对话篇章,记载了鹖冠子与庞子的对话,在一定程度上反映了鹖冠子本人的思想。这些篇章秉承《黄老帛书》的思路,以日月列星之"天"为依据;"一"表示道的抽象统一性;生成论是"天地—水火—阴阳之气"的粗浅模式。五篇中蕴含了"道生法""以五为一""以一度万""九道""成鸠之制""五正"等核心命题。

2. 没有论及北斗、泰一的五篇论述篇章:《博选第一》《著希第二》《夜行第三》《道端第六》《备知第十三》。这些篇章中没有北斗或者泰一的观念,是对话体篇章某一主题的解释或相近论证。《博选第一》说明选贤的重要性,核心命题是"道凡四稽"与"五至"。前半部分与《黄老帛书·经法四度》中的"四稽"类似,后半部分与《战国策·燕策》中郭隗的说法相似。《著希第二》篇说明人先天的情欲和后天的修养。人均有情欲,但君子能遵循礼义自我约束。《夜行第三》说圣人遵循道而有"夜行",《道端第六》说明人事应当效法天地,《备知第十三》特别说明圣人在乱世,不仅要知道做义事,也要知道君主之心,才能保全自身,建功立业。这些篇章是对话体篇章中"圣生道"的进一步解释,因此被收录其中。

3. 北斗、气、泰一、精神相关的七篇论述篇章:《天则第四》《环流第五》《泰鸿第十》《泰录第十一》《世兵第十二》《天权第十七》《能天第十八》。《环流第五》《天则第四》提出北斗之

"一"说；《泰鸿第十》《泰录第十一》出现"泰一"说；《世兵第十二》《天权第十七》篇中有北斗天象相关的"陈以五行，战以五音"黄老兵家说。这说明鹖冠子门下发展出了北斗中心说的弟子和重精、气、神的"泰一"论弟子。"北斗"说弟子在日月列星之"天"论上引入北斗星，成为天地运行的终极依据。"泰一"论弟子在天体认识上与鹖冠子相同，以日、月、列星为依据，但重精、神，认为圣人领会天地之道后会具有神妙的功效，甚至"知百灵，王百神"，具有圣人神化的理论倾向。

这样的划分便于厘清全书线索，更好地理解篇章之间思想的联系与发展。对话体篇章中包含了众多的核心观念，论述体篇章对其进行了解释与创新。从天地到北斗星的法则依据转变，为泰一信仰提供了理论来源，气本论则为天地人合一的成熟形态提供了根基性的理论支持。因此，至少可以肯定，如果对话体篇章是鹖冠子弟子所记，反映了鹖冠子本人的思想，那么至少论及北斗、泰一的七篇论述篇章不大可能是鹖冠子本人所写，极有可能是弟子们的发展创新。

三　成书的历史时期

对话体与论述体篇章之间的不同理论特点，也与成书的时代背景密切相关。对话体篇章《近迭第七》《王铁第九》成书于战国末期，讨论的话题是如何夺取战争胜利以及建立大一统政权；对话体篇章《度万第八》成书于秦，通过思考政权的合理性批驳秦朝暴政。总的来说，对话体篇章成书于汉前。而论述体篇章最晚成书于汉初，为大一统政权找到了新的形上依据"泰一"。这可以从文中讨论的历史事件、出现的避讳现象、同时期文献的佐证中推断出来。

五篇对话篇章，成书于汉前。《近迭第七》在对话中提及诸国争雄的时代背景，《王铁第九》中的成鸠之制提及统一政权的可行性，可推断这两篇成书于先秦。《度万第八》中设计对秦始皇废除谥号一事的批评，可知该篇成书于秦，或者楚汉之争时期。《学问第十五》篇也出现了避讳现象，应当成书于秦。《兵政第十四》中没有具体的历史事件，但从语词、思想内涵来看，不大可能是汉之后的作品。

《近迭第七》作为《鹖冠子》成书较早的篇章，大概写于战国中后期。首句庞子问鹖冠子的话是："圣人之道何先？"这种类似的提问方式在《吴子》中也出现过，《吴子·治兵第三》首句武侯对吴起的提问是："用兵之道何先？"这种句式在其他书籍中并不多见，说明《鹖冠子》与《吴子》存在一定的关联性，时代相近。战国初期，楚悼王任用吴起为令尹进行变法，国富兵强。在军事上一举打败了魏国，并出兵伐秦。吴起变法使楚国受益匪浅，而鹖冠子作为楚人，《近迭第七》《兵政第十四》又是讨论兵政，多言道、法，应当是受到《吴子》兵、法思想的影响。遗憾的是，《吴子》原有四十八篇（《汉书·艺文志》），现存仅六篇，散失了不少，不能仔细辨析两者的渊源。

文中鹖冠子说："得地失信，圣王弗据。倍言负约，各将有故。"为了土地违背承诺，丧失信用，正与战国时楚国的历史相符。楚怀王在位时，秦国派张仪鼓吹"连横"，劝楚国和齐国绝交，与秦结盟，并口头许愿归还楚国 600 里土地。楚怀王信以为真，和齐国断交。当楚王派人向秦国取地时，张仪却背信弃义，说："我和楚王商定是六里，不是六百里。"楚怀王十分恼火，发兵攻秦。结果大败而归，将领被俘，被杀 8 万人，汉中地区被秦国占去。鹖冠子的话侧面证明了其楚人身份。

战国中后期，能够称作地大民众的"大国"，莫非齐、楚、秦。而《鹖冠子》书中出现了令尹、柱国等楚国官名，可以推测出鹖冠子是楚国人，受到吴起变法的影响而推崇道、法，心怀统一天下的期望。但由于楚怀王的利令智昏，楚国逐渐衰败，最后"身死国亡，绝祀灭宗"（《学问第十五》）。庞煖作为五国抗秦的军事首领，寄托着五国起死回生的希望。因此，鹖冠子作为庞煖的老师，也力图拯救自己的故国。

在《王铁第九》中，鹖冠子勾勒出"成鸠之制"的永恒理想国。但由于成鸠氏是古人，鹖冠子托古言志，庞子就产生疑问：古今是一个不变的道理吗？他问：

> 以今之事观古之道，舟车相通，衣服同采，言语相知。画地守之，不能相犯；殊君异长，不能相使；逆言过耳，兵甲相李。百父母子，且未易领，方若所言未有离中国之正也。丘第之业，域不出着，居不连块。而曰成鸠氏，周阖四海为一家，夷貉万国，莫不来朝，其果情乎？

比较当今与古时的状况，车船交通水陆，衣服色彩相同，言语交流沟通。诸侯割据，不能侵占别人的领土；各有其主，君长不能指使别人的奴仆；有不顺耳的话，便兵甲相见，发动战争。百家左右的规模治理起来都十分不易。这是古今中国一致的状况。土地产业，居住的地方，都有一定的区域范围。而成鸠氏将四海归为一家，边境万国都来朝贺，真的能够这样吗？

根据上文可知，庞子认为古今的诸侯割据是一种常态，而对鹖冠子所说的天下一统局面产生疑惑。这从侧面说明了秦朝还没有完成天下统一，该篇概成书于战国时期。后文鹖冠子说明人具有相同的类本质，据此可以克服不同区域的文化特色以及政教制度，实现天下统一。此篇中的"成鸠之制"实际上是初始状态的郡县制，为诸侯割据向郡县一统制的转变提供了理论依据。这一切都表明，《王铁第九》实则在为建立大一统政权做理论论证与制度设计。

因此,《近迭第七》《王钺第九》篇可以确定为先秦时期的作品,代表了《鹖冠子》的早期内容,说明道法对于战争胜利的决定作用,构想出以郡县制为基础的大一统制度。而后秦国完成了这一历史使命,法家的指导思想与郡县制是大秦帝国的显著标志,表明法制与郡县制既是学界的共识,也是历史的选择。但秦朝的法制缺失了道之本,民之利,反而成为助纣为虐的工具。在《度万第八》中就可以看到对此隐讳的批评。篇首用"天地—水火—气"的粗浅生成论来说明,严刑峻法扰乱了万物生成的正常秩序,导致"百业俱废,万生皆困"。而文中又提到"有义而失谊,失谊而惑",进一步表明该篇成书于秦。秦始皇一统天下之初,议定名号,废除谥号。据《史记·始皇本纪》记载,秦始皇说:"朕闻太古有号无谥,中古有号,死而以行为谥。如此,则子议父,臣议君也,甚无谓,朕弗取焉。自今以来,除谥法。朕为始皇帝。后世以计数,二世三世至于万世,传之无穷。"但《度万第八》认为,行为是否合宜可以通过谥号表现出来,废除谥号容易缺乏规范行为,使人迷惑。

《博选第一》《著希第二》《学问第十五》篇中出现了对秦始皇名字的避讳现象。相似的语句如"端倚有位""端神明"等,在《黄老帛书》中均写为"正",在《王钺第九》篇中也有"与神明体正"的说法,但在《博选第一》《著希第二》两篇中写为"端"。吴光认为《博选第一》《著希第二》中"端(正)倚有位"的"端"是对于嬴政的避讳,因此这两篇出于秦代。① 此说得到了葛瑞汉、戴卡琳的认可,但孙福喜认为不是避讳,而是一种通用。除去以上两篇学界共识外,还有《学问第十五》篇中"夫离道非数,不可以绪端"的语句,"绪端"实则为"绪正"。由于《黄老帛书》

---

① 吴光:《黄老之学通论》,浙江人民出版社 1985 年版,第 157 页。

并非唯一的参考文献,《王鈇第九》篇也可作为佐证,因此避讳的说法较为可信。《度万第八》同为秦后篇章,但没有出现类似的避讳,可能是在秦末,政权已经动荡。

从时间上来看,能够基本认为《近迭第七》和《王鈇第九》成书于先秦,《博选第一》《著希第二》《学问第十五》成书于秦,《度万第八》概成书于秦末。这些篇章是构成第一部分(五篇对话篇章)以及第三部分(没有提及北斗气论的五篇论述篇章)的主要部分,结合余下篇章的思想特征,基本可以说第一、第三部分成书于汉前。这两部分内容不仅在思想上更为一致,而且在时间段上也比较接近。

论及北斗气论的第二部分篇章,即《天则第四》《环流第五》《泰鸿第十》《泰录第十一》《世兵第十二》《天权第十七》《能天第十八》七篇,这些篇章成书时间的上限难以确定。王葆玹推测《泰鸿第十》《泰录第十一》两篇成书于汉初。① 《世兵第十二》篇和贾谊《鹏鸟赋》存在大段重合,此篇可能也有汉初背景。《世兵第十二》《天权第十七》篇中均出现了“陈以五行,战以五音”的语句,相关思想在银雀山汉墓竹简的《阴阳之十一·天地八风五行客主五音之居》中有较为详细的论述,可知此两篇成书最晚成于汉初。总的来说,第二部分篇章多少已经有了汉初的时代色彩,成书下限概在汉初。

《鹖冠子》最早的篇章成书于先秦,以《近迭第七》《王鈇第九》为代表;最晚可能在汉初,以《泰鸿第十》《泰录第十一》为代表,这和黄老学兴盛的历史时期相一致。从构成全书的三部分内容来说,第一、第三部分成书于汉前,而第二部分的下限在汉初。结合三部分内容之间的思想关联性,也可以明显看出第三部分无论

---

① 王葆玹:《西汉国家宗教与黄老学派的宗教思想》,《道家文化研究》第二辑,第193页。

在思想上，还是时间上，都和记载鹖冠子对话的第一部分更为接近，两者可以看作鹖冠子学派的前期。而第二部分发展创新了第一部分的思想，时间上也稍晚，可能是学派后期思想的反映。

四 三个部分与两段时期

根据文体以及思想的发展，可以将《鹖冠子》全书除去《世贤第十六》《武灵王第十九》外的十七篇分为三个部分。

1. 记载鹖冠子与弟子庞子的五篇对话：《近迭第七》《度万第八》《王铁第九》《兵政第十四》《学问第十五》。

2. 没有论及北斗、泰一的五篇论述：《博选第一》《著希第二》《夜行第三》《道端第六》《备知第十三》。

3. 北斗、气、泰一相关的七篇论述：《天则第四》《环流第五》《泰鸿第十》《泰录第十一》《世兵第十二》《天权第十七》《能天第十八》。

这样划分之后，就会发现一个有意思的成书过程：3 部分的篇章分别混入 1 部分的首、中、尾，即四、五在七之前，十、十一、十二在中间，而十七、十八是最后的篇章；而 2 部分又混入 1、3 合体之后的首、中、尾，即一、二、三在四、五之前，六、十三在其中，而十八、十九是最后的篇章，形成现在的篇章顺序。或许我们可以推测《鹖冠子》的成书过程：

第一部分：7、8、9、14、15

（五篇鹖冠子弟子记录老师对话、"道法"围绕天、地、人展开）

第三部分编入第一部分中：4、5、7、8、9、10、11、12、14、15、17、18

（编入七篇弟子后学思想，出现北斗、泰一、五行五音、精神等新的思想观念）

搜集反映鹖冠子思想的残篇，第二部分混入第一、第三部分之中

1、2、3、4、5、6、7、8、9、10、11、12、13、14、15、16、17、18、19

（编入五篇论述和两篇以庞子为主的对话，仍然围绕天、地、人展开）

　　弟子们以记载鹖冠子对话的篇章为核心，首先编入自身思想发展的作品，然后又收集到一些散篇，汇编整理成书。从成书过程来看，已无法明确哪些篇章是鹖冠子本人所写。对话体共有七篇，以庞子为主的两篇可以断定不是鹖冠子所写，以鹖冠子为主的五篇是弟子所记，虽然反映了鹖冠子的思想，但也不是本人所写。提及北斗、气、泰一的七篇论述体是弟子后学思想发展，那么仅剩下五篇论述体，与对话体篇章的思想相近，其中一些可能是鹖冠子本人所写，后被编书者收集并整理到书中。但也可能学派中的弟子所写，能反映出鹖冠子的思想。

　　这仅是根据各篇章的书写形式，结合思想关联发展，在书籍编纂方面的一种推测。这或许可以解释对话体篇章在排序上位于全书中心，而其余论述体篇章杂乱分布的状况。但这不代表各部分篇章成书时间的早晚，以及篇章思想重要性与真实性的程度。如果从成书时间来看，最后编入的论述篇章可能成书时间更早，甚至早于对话体篇章，只是被收录的时间较晚而已。从思想的关联性来看，首先编入的论述篇章已经是对鹖冠子思想的创新性发展，而最后编入的论述篇章则更接近于鹖冠子本人的思想。

　　因此三部分的篇章划分只是为了更好地从篇章结构方面理解《鹖冠子》，一窥成书过程的端倪。如果从鹖冠子学派思想发展的角度，可以将这三个部分归为两个时期：以鹖冠子思想为主的学派前期和以弟子创新为主的学派后期。篇章三部分中的第一、第二部分可以代表学派前期思想，反映了鹖冠子本人及其早期弟子们的思想，以天地为法则依据；而第三部分代表学派后期思想，弟子们发展出了围绕北斗、气、泰一的法则依据。这两段时期的划分主要是从学派思想的发展角度，从时间上来说，可能是同时而稍晚。前期篇章的成书时间最晚在汉前，而后期篇章的下限在汉初，两者在时间段上可能同时并存。将全书分为三个部分，两段时期，列图表如下：

时期	三个构成部分		篇章名称	核心概念	思想主旨
学派前期，汉前，以道、天地为主	第一部分	以鹖冠子为主的五篇对话	《近迭第七》	不百其法者，不能为天下主	重法
			《度万第八》	以一度万；五正天人同文，地人同理	"天地—水火—阴阳之气"的生成论；"五正"的多层次政治
			《王铁第九》	天，诚、明、信、因、一；成鸠之制；天曲日术	在日月列星之"天"的基础上建立起自然、社会同秩序的成鸠之制
			《兵政第十四》	圣生道，道生法；以五为一	尚贤；道法
			《学问第十五》	九道	道具体化为阴阳法令等
	第二部分	五篇论述	《博选第一》《著希第二》	道凡四稽；五至；君子不径情而行	君主以师礼尊贤，广纳俊、豪、英等人才，才能成就王霸之业
			《夜行第三》	夜行	心行
			《道端第六》	君道知人，臣术知事	君主应当依靠贤人
			《备知第十三》	知君心、知义事	圣人要备知，才能建功立业
学派后期，下限在汉初，引入北斗、气、泰一	第三部分	北斗、气、泰一的七篇论述	《天则第四》《环流第五》	天之不违，以不离一；有一而有气；同之谓一，异之谓道	北斗星之"一"代替了日月列星之"天"，气论代替了天地生成论；"一"比道更显赫
			《泰鸿第十》《泰录第十一》	天地人事三者复一也；泰一；元气；上贤为天子	"一"被神圣化为泰一；精神引入内圣层面；因贤立王
			《世兵第十二》	陈以五行，战以五音	用史实说明黄老兵道银雀山汉墓竹简相关
			《天权第十七》	招摇在上，缮取在下	黄老学中的兵家认识
			《能天第十八》	有先王之道，无道之先王；一在而不可见	阐发《兵政第十四》中"圣生道"；论一、道的关系

时期	三个构成部分		篇章名称	核心概念	思想主旨
庞子	对话		《世贤第十六》	医人要"未有形而除之"	借喻说明"五正"的最高境界"神化于未有"
			《武灵王第十九》	夜行	夜行相关

第一、第二部分的形上学与第三部分明显不同，以此区分看待《鹖冠子》的篇章构成，能够更加深入地理解各篇的思想内涵与理论特征。而从两个时期来看待鹖冠子学派的思想传承，发展脉络更为清晰。三个部分与两段时期的划分，丝毫不影响全书的整体一致性。相反两者相结合，既能从横向的角度理解文本构成，又能从纵向角度了解思想发展，从而呈现出整体性与阶段特点的一致，更易于全面认识鹖冠子学派。

《鹖冠子》一书的篇章关联性与整体一致性已经得到学者关注，比较有代表性的是葛瑞汉。葛瑞汉最早注意到了《鹖冠子》的理想社会分为"成鸠之制""五正""德之盛"三个阶段，为本书的探索提供了宝贵的启示。专篇论文《〈鹖冠子〉：一部被忽略的汉前哲学著作》将《鹖冠子》的理想社会分为三种，认为是"三个互相矛盾的概念"。① 以此推断出此书的写作年代是在古代历史上变化最迅速的时期，从战国纷争到秦国统一天下，再到楚汉之争、汉王朝的建立。由于思想家经历了时代变迁，所以理想国的规划也随之不同。这种纵向的时间向度有助于我们理解《鹖冠子》政治建构所发生的变化，但却不容易理解变化产生的理论依据，因此导致三个理想国表面看起来前后矛盾。葛瑞汉的三种理想国划分如下。

---

① 葛瑞汉：《〈鹖冠子〉：一部被忽略的汉前哲学著作》，载葛兆光主编《清华汉学研究》第一辑，清华大学出版社1994年版，第127页。

A 组："成鸠之制"的早期政权设想。以《王𫓧第九》为主，成书于先秦时期，代表战乱纷争时期对大一统社会的构想；以《博选第一》《著希第二》为辅，此两篇成书于秦代，延伸说明了"王𫓧"的相关重要问题，如博选、五至等。

B 组："五正"是作者第二次对社会政治进行规划，以《天则第四》《度万第八》《泰鸿第十》《泰录第十一》为代表，成书时期在秦亡后不久，比 A 组稍晚。表明作者看到秦国以法制亡国，反思之后提出完善的政治模式。

C 组："德之盛"是最后的理想国，以《世兵第十二》《备至第十三》为代表，成书时间最晚，在秦汉之交的短暂时期。由于作者从统一时代再次陷入楚汉之争，对有组织的政权彻底失望，于是放弃社会构建，投入杨朱学派。

这种划分有两个地方尚可讨论。首先，C 组中《备知第十三》篇出现的"德之盛"和杨朱学派旨趣并不相同。《备知第十三》否定了隐士的消极作为，提倡一种积极的作为。而且强调在积极的作为中要知道两件事：知心与知事，所以篇目才叫作"备知"。知心是要知道君王之心，知事则是要知道义利之分，该做之事。如果只知道顺从君王之心而不知该做之事，就会像纣王的佞臣费仲，终有杀身之祸；如果只知道该做之事而不知君王之心，那么也会有忠臣比干之祸。所以圣人要知心、知事才能有所作为。因此，《备知第十三》篇可以看作道家审时度势的理性作品，而非类似于杨朱一派。德之盛世虽然是理想社会，但当今之世早已衰败，无一处清净之处可居，哪怕是水中也很混乱。所以隐居、负石投水都是不理智的，只有懂得时命、知心知事才能有所作为。此篇虽然出现了"德之盛"空想般的理想国，但并没有放弃的意味，反而是理智思考如何在现实世界更好地作为。因此将其理解为"彻底放弃，投入道家和杨朱学派，以一怀愁绪，伤感早期的岁月"① 的晚期作品并不合适。葛瑞汉也在文末的最后一个注解中说明："拙稿提交后，汤普森（Paul Thompson）向我指出，我归纳的 B 组其实可能最晚，从汉代开始，那么我们就会有一个整齐的、辩证的发展线索。开始为半法家的理想国，然后在秦汉之交对一切政府的幻灭，最后汉代再次统一，对政府的信念再次恢复，规划一个新的、更人道的理想国。"② B 组中的几篇确实可能是《鹖冠子》全书中成书最晚的几篇，而且《鹖冠子》在规划理想国的过程中，是以道法家为开端的。在早期篇章《近迭第七》中，简单说明"百其法"是成为"天下主"的前提；发展到稍晚的《王铁第九》篇，以天、神明为形上依据；最后在《泰鸿第十》《泰录第十一》篇中，以气、形神为形上依据。但无论是天、神明，还是气、形神，均是以法则为内在特性，进而赋予理想社会自身的合理性与永恒性。

其次，葛瑞汉认为 A、B 两组有不同甚至相反的地方，体现在：第一，前者宣扬法家，而后者排斥法家；③ 第二，前者将人的乐生恶死看作施行奖惩建立秩序的基础，而后者把爱作为连接社会的纽带。④ 第一点有关对"法"的多层次理解。赏罚意义上的刑法可以作为道法一个比较低的层次，在理想社会中没有刑法，但在现实社会中却是必需的。因此 A 组中《王铁第九》篇的"成鸠之制"虽然具有残酷的刑罚，但后文也提到"故其刑设而不用，不争而权重，车甲不陈而天下无敌矣"。没有刑罚和战争的社会状态才是最

---

① 葛瑞汉：《〈鹖冠子〉：一部被忽略的汉前哲学著作》，载葛兆光主编《清华汉学研究》第一辑，清华大学出版社 1994 年版，第 139 页。

② 葛瑞汉：《〈鹖冠子〉：一部被忽略的汉前哲学著作》，载葛兆光主编《清华汉学研究》第一辑，清华大学出版社 1994 年版，第 143—144 页。

③ 葛瑞汉：《〈鹖冠子〉：一部被忽略的汉前哲学著作》，载葛兆光主编《清华汉学研究》第一辑，清华大学出版社 1994 年版，第 128 页。

④ 葛瑞汉：《〈鹖冠子〉：一部被忽略的汉前哲学著作》，载葛兆光主编《清华汉学研究》第一辑，清华大学出版社 1994 年版，第 135 页。

终追求。刑法是实现道法的手段，而非目的。这种观点在 B 组的"五正"中也得到说明，宣扬法家是由于现实社会中的必要性，但刑法之"法"最终作为道法的手段是要被摒弃的。因此前者宣扬，而后者排斥，但两者并不矛盾。第二点中 A 组虽然是以乐生恶死的人情为实施统治的基础，但其中《王鈇第九》也提到"死生同爱"；B 组中《泰鸿第十》虽然主张"顺爱之政，殊类相通；逆爱之政，同类相亡"，政治以"爱"为主，但在《天则第四》篇中也提到"人之情"，包含了乐生恶死的自然人性。因此，两组之间是在顺承的发展中体现出不同的阶段特色，而非矛盾相反。

因此，若以道法为核心，在此基础上观察不同发展阶段所附带的形上特征，则更容易理解《鹖冠子》前期五篇对话体篇章的政治论主旨。最初提出对法的重视，《近迭第七》篇中说"不百其法者，不能为天下主"；中期拓展了道法的领域，融合四时五行、天地、神明等观念，构建了《王鈇第九》中万八千岁的"成鸠之制"；最后，引入阴阳之气来确定事物本质，涵盖天地、四时、阴阳、名法、教化、修养等各个领域，理论成熟丰富。自然法的观念融入社会制度，在《度万第八》中提出"五正"的政治理论，最高层次是"神化"，治理者被尊为"气皇"，下分官治、教治、因治、事治四个层次，涵盖从理想到现实的多层次模式。

从时间上来看，基本能够认为《近迭第七》和《王鈇第九》成书于先秦，《博选第一》《著希第二》《学问第十五》成书于秦，《度万第八》概成书于秦末，《世兵第十二》《天权第十七》《泰鸿第十》《秦录第十一》则有汉初背景。从先秦至汉初，表明《鹖冠子》各篇章完成于不同的历史时期，但依然基于一贯的学派主旨而编纂成书，展现出鹖冠子学派的整体思想一致性和阶段发展的不同理论特色。

第二节 "一"的归纳与演绎

"一"在中国哲学尤其是道家哲学中是非常重要的概念，这一点已经被前辈学者认识和阐发。张岱年在《中国古典哲学概念范畴要论》中第一篇"自然哲学概念范畴（上）"列出"一"并进行了详细考察。[①] 王中江在《根源、制度和秩序——从老子到黄老》一书中专门列出第四章——"一"的思想的展开及其形态进行了详细说明。书中尤其指出"《凡物流形》使用的'一'和它使用的'道'一样，两者皆是指本根和根源性概念，但在它那里，'一'则更显赫"。[②] "一"作为比"道"更加让人重视的概念，在《鹖冠子》中也有显现。

《鹖冠子》中的很多篇章均提到"一"，内涵十分丰富：一是认识方法的归纳与演绎，以万物一致性为理论基础；二是自然与社会法则的一致性；三是人的同一类本质；四特指北斗星；五是指基于"道"的主客体统一。

在方法论层面，"以五为一"和"以一度万"作为贯穿全书的思维方法，不仅体现在简单的归纳与演绎层面，而是贯通了天人之际、内圣外王、政治建构的各个方面。"以五为一"是从万物的本性来讲，即通过"物之然"，总结出最高抽象性。但从具体事物来说，自身本性是不可改变的。如人只能利用规律，而不能改变规律，因此天人在道的层面上一致，具体层面上相分。而"以一度万"除了最高抽象之外，还加入生成论因素。代表万物的"天"与人是同源的，人类社会作为宇宙的一个生成环节，个人及社会的

---

① 张岱年：《中国古典哲学概念范畴要论》，中国社会科学出版社1989年版，第55页。
② 王中江：《根源、制度和秩序——从老子到黄老》，中国人民大学出版社2018年版，第116页。

不当行为都能导致自然界规律的紊乱甚至改变，此时天人是合一的，可以交感。体现在内圣外王方面，圣人掌握了归纳的方法，可以将纷乱变化的客观世界体系化，而演绎则能以少知多，以近知远，以微知著，具有通达与神妙的功用。但由于建立在粗浅生成论上的同源性，圣人之"神"便有了神秘性，继而影响自然规律。在政治建构方面，"以五为一"对物体内在规律一致性的认识，使"车同轨，书同文"成为可能；人具有相同的类本性，才能超越诸侯国之间不同的政教民俗，建立起大一统的国家。但"以一度万"所理解的自然、社会同源同构性，使社会秩序显现出自然化的特征，同时祥瑞灾异说开始萌端。

一　以五为一

《鹖冠子》的早期观念，主要体现在《近迭第七》《兵政第十四》中。《近迭第七》讨论的中心问题是"圣人之道"与"兵义"，多涉及具体现象，道法色彩较重，与各家的融合不够明显。

篇首直接从讨论天人关系入手，否定了祸福之天，强调应"舍天而先人"。从对主宰之天的顺从，转变为人对于法则之天的认知和把握。庞子问鹖冠子"圣人之道何先"？回答是"先人"。又问，"何以舍天而先人乎"？理由是，"天高而难知，有福不可请，有祸不可避，法天则戾。地广大深厚，多利而鲜威，法地则辱。时举错代更无一，法时则贰。三者不可以立化树俗，故圣人弗法"。本篇言法，并与数、度等抽象的法则联系，表明《鹖冠子》将祸福之天的依赖转移到自然法则的认知。因为无限宇宙是人类精神观照下的世界，客观存在的自然法则固然独立于每一个人的意志而存在，但是如果把自己的命运交给遥不可及的苍天，依赖其四时晦明的变化与地理环境的高下决定人生实践的展开，必然丧失自己的主观能动性。因此，"法天则戾"与"法地则辱"以及"法时则贰"的判断，已经说明人类生活如果盲从于自然的秩序，无法达到"立化树俗"的认识实践目标。对庞子的"阴阳何若"的疑问，鹖冠子提出了"神灵威明与天合，勾萌动作与地俱，阴阳寒暑与时至。三者，圣人存则治，亡则乱，是故先人"的主张。强调主体自我对客观规律的适应，同样不能肆意妄为。必须达到主客体的和谐对应，才能满足生命活动的固有需求。正是这两方面的条件的存在，为之《兵政第十四》进一步指出："天不能使人，人不能使天。因物之然，而穷达存焉，之二也，在权在执。在权，故生财有过富；在执，故用兵有过胜。财之生也，力之于地，顺之于天；兵之胜也，顺之于道，合之于人。"不仅从内容上明晰了"先人"的根本原则，而且突出强调了"因物之然"的认识实践态度。认为必须通过"在权在执"的主观努力与积极进取，达到"顺之于道，合之于人"的理想境界。生财与用兵作为时代面临的最为艰巨的任务，成为作者重点讨论的对象。各种纷繁复杂的经验现象，受到阴阳与唯一之道的制约，《兵政第十四》在传统认识的基础上归纳出"五尚一"与"以五为一"的命题，从另一侧面揭示圣人所法的内容。有力地深化了完整统一的世界，以道为内在的依据存在，而一切事物由同一的物质元素气构成的主张。这一思想观念在《夜行第三》中得以展开，"天，文也。地，理也。月，刑也。日，德也。四时，检也。度数，节也。阴阳，气也。五行，业也。五政，道也。五音，调也。五声，故也。五味，事也。赏罚，约也"的论述，使一般的数字抽象成为普遍的方法论。而"以五为一"指向了"物之然"，即宇宙赖以存在的本体之道。

庞子问鹖冠子曰："用兵之法，天之，地之，人之，赏以劝战，罚以必众，五者已图，然九夷用之而胜不必者，其故何也?"鹖冠子曰："物有生，故金木水火（土）未用而相制，子独不见夫闭关乎？立而倚之，则妇人揭之，仆而措之，则不择牲而能举其中。若操其端，则虽选士不能绝地，关尚一身而轻重异之者，执使之然也。夫以关言之，则物有而执在矣。九夷用之而胜不必者，其不达物生者也。若达物生者，五尚一也耳。"

既然天、地、人、赏、罚诸要素都考虑到了，为什么用兵还不能取得必然胜利。这是因为事物都有自身的属性，金、木、水、火、土五行在没有发生作用的时候，客观存在的个体事物就已经受到制约。就像插门之横木"闭关"一样，放立在地上，妇人拿起它轻而易举，而作为门闩，大力士也不能移动。同一样东西却有轻重不同的差异，就是因为"执"的作用的呈现。如果从"达物生"的角度，即根据事物的固有属性考察外物之用，所有的客观条件都可归纳为"一"。

《兵政第十四》中的"五尚一"是从事物本性的抽象角度理解，《王铁第九》篇中也提到"尚一"，是从人的类本性角度来说明，人类作为万物中的一员，情感欲望的同一性在凡与圣中没有差别。庞子认为当时的现实状况是：诸侯割据，不能侵占别人的领土；各有其主，君长不能指使别人的奴仆；有不顺耳的话，便兵甲相见，发动战争。百家左右的规模治理起来都十分不易。而鹖冠子说的天下一统真的能够实现吗？鹖冠子回答说：

由是观之，有人之名，则同人之情耳，何故不可乎。天度数之而行，在一不少，在万不众。同如林木，积如仓粟，斗石以陈，升委无失也。列地分民，亦尚一也耳。百父母子，何能增减。殊君异长，又何出入。若能正一，万国同极，德至四海，又奚足阖也。

　　人类具有相同的情感欲望，这是能够实现统一治理的基础。如果能够把握事物的本质道理，一个和一万个并没有区别。仓库里的谷粒，用斗来量，多少都不会有差错。划分治理领土臣民，也是这样的道理。家庭数量的多少，领主长辈的不同，都不能影响在人情基础上采取统一的治理措施，从而实现天下一统。如果能够采取合理的政治制度，那么统治万国，治理四海，完全能够实现。

　　在《鹖冠子》看来，"五为一""尚一"的归纳概括主要从两方面来讲，一是从事物的本性来看，万物都可以根据其固有属性归纳为一；另一方面是从人情的同一性来理解，为建立统一政权提供了人性论依据。

二　以一度万

　　《鹖冠子》中"一"的理论根据是"以五为一"，将原始"五"的抽象思维进一步升华为"一"。因此，在领悟了"一"的基础上可以"以一度万""以一宰万而不总""用一不穷"，这是归纳—演绎的思路。从这个角度来看，"一"就是对道统一性的认识。

　　《度万第八》中说："远之近，显乎隐，大乎小，众乎少，莫不从微始。故得之所成，不可胜形，失之所败，不可胜名。从是往者，子弗能胜问，吾亦弗胜言。凡问之要，欲近知而远见，以一度万也。"万只是一个约数，表示多。以一度万是为了表明以小知大，以少知多，以近知远的这种类推能力。如果圣人通过不同事物自然特性的认识领悟到了道的终极一致性，然后再演绎到具体的事物，就能以一度万，以不变应万变。

　　"以一度万"的理论背景是"天地—水火—阴阳之气"的生成论，其中天地并不仅仅是苍天或者土地，而是代表了宇宙和谐之理，囊括了自然与社会的各方面。因此社会生活中的严刑峻法能够影响到天地的适中状态，进而影响到阴阳之气的相互作用，万物生生不息的过程被扰乱。"天人同文，地人同理，贤不肖殊能，故上圣不可乱也，下愚不可辩也。阴阳者气之正也，天地者形神之正也，圣人者德之正也，法令者四时之正也。故一义失此，万或乱彼，所失甚少，所败甚众。"天地固有的功能作用必须在适中的条件下生起水火与阴阳等事物及其变化，否则万物正常生长的状态就会被扰乱。而这种适中的状态就是保持自然社会在内的整个宇宙合理性。任何一方面的过失，如不肖之人居于圣贤之上，或者法制压迫民众太甚，都会导致天地不能生出水火，进而扰乱了整个自然界的生生秩序，引起其他多个方面的紊乱，反映出社会法则也参与自然万物的生生过程，两者之间具有一致性。

自然与社会法则的一致性，是"以一度万"显现出来的思维方式。《度万第八》提出了天地化育万物的生成过程，天地人之间互相感应，"一义失此，万或乱彼"，任何局部的紊乱都会干扰整体的有序运行，显现出自然与社会法则的一致性。《王铁第九》中的"成鸠之制"，也是根据天地人的自然本性设计出的社会政治结构；《泰鸿第十》明确说明"天、地、人事，三者复一也"，建立起春夏秋冬四时、东西南北中五方、水木金火土五行、宫商角徵羽五音互相对应的时空观。《天则第四》也在讲天地人的同一性，只不过加入了《环流第五》中的北斗星之"一"根据。由此可见，自然与社会法则的一致性，是《鹖冠子》一书的重要思维方式。

"以一度万"蕴含了两种思维方法：一是演绎方法，从一般原理推导出具体情况的结论；二是自然与社会法则的一致性。用一种粗浅的生成论来说明万物生成与人类活动之间存在着相互作用，实质是为了保障贤、不肖的尊卑秩序，同时防止过于严苛的法制。虽然是一种超经验的感应论，但尝试通过自然原则来保障社会价值秩序。从实证的角度来说，这是一个假命题，并为灾异附会说留下了发展空间，但在一定程度上又起到维护社会公义的作用。

三 "一"的内涵

《鹖冠子》中的"一"内涵丰富，本章节主要涉及四个方面的理解：一是认识方法的归纳与演绎，以万物一致性为理论基础；二是自然与社会法则的一致性；三是人的同一类本质；四是指北斗星。除此之外，"一"还指：基于道的主客观统一（在第三章第五节"同之谓一，异之谓道"，从一、道关系的角度详论）；涉及生成论的"有一而有气"（在第三章第三节"有一而有气"详论）。

第一，认识方法的归纳与演绎。归纳与演绎方法体现在《兵政第十四》中的"以五为一"与《度万第八》的"以一度万"。《度万第八》的"以一度万"如果主要还是准则的含义的话，那么《天权第十七》的"以一宰万而不总"则更多的是精神的自觉，是《泰录第十一》的"类类生成，用一不穷"认识支持，成为决定人生自由解放的内在依据。

知一不烦、用一不穷都蕴含了归纳与演绎的方法，"执一"最具特色。"执一"即通过认识上的归纳与演绎方法，将自然与社会秩序、人情物理与政治构建一致化，从而实现政治上的统一与宇宙秩序的和谐。《管子·内业》说："执一不失，能君万物。君子使物，不为物使，得一之理。"这个"一"是统筹万物，驾驭万物的能力，君子之所以能够让外物为自己服务，而不是随外物流散而无主，正是由于认识到了万物存在最终的一致性，即客观性，而自身具有认识、运用这种客观性的能力。《王钺第九》说："天用四时，地用五行，天子执一以居中央，调以五音，正以六律，纪以度数，宰以刑德。"即发展出了完善的外王理论，包括制度结构、运作、政治原则、目标，以及人伦规范等方面。自然、政治、人性互为基础，相辅相成，融洽为一。

关志国在《道家黄老学派法哲学研究》一书中指出："明确黄

老学派中'一'与'法'的含义，厘清两者的渊源关系，对于我们理解中国传统法哲学是具有重要意义的"，提到"以一统万，万物归一，'一'是人类秩序的基点，这就为'法'的存在提供了理论前提"，详细论述了："法"是实现"一"的途径，"一"体现了"法"的基本特征等问题，其中也引用了《鹖冠子》文本内容进行论述，总括说明了"'法'体现了'一'的以一应万、以简御繁的思维方式，凸显了'一'所具有的一般特点，这充分表明了黄老学派法哲学思维的深度"。①

第二，自然与社会法则的一致性和互相作用。自然法则的重要表现是四时五方，而社会法则作为宇宙法则的一部分，通过对整个宇宙的认知与整体—局部关系获得自身合理性。人类活动根据四时五方产生了不同的行为规范，《吕氏春秋》一书的体例也表现出类似的认知思维。《黄老帛书·十大经》就将阴阳四时与刑德、文武的社会法则联系起来；《管子四时》中的"五政"也是说不同时节实施不同的社会法则；《吕氏春秋》根据春夏秋冬四时，来确定天子饮食居住，服装颜色，以至于祭祀礼乐刑兵。《泰鸿第十》中也将阴阳四时、五方五行、五音五色五味的彼此对应，贯通了自然社会法则，成为黄老学构建社会秩序的原则，通过泰一表现出来。

第三，人的同一类本质。人的类本质是同一的，因此可以克服不同区域的文化特色，如风俗、言语等，为一统天下提供了人性理论支持。人也具有一样的欲望情感，据此来采取奖赏、惩罚等措施，无论是一个人，还是一国的人，都可以得到有效的治理。而人人都具的有对理想社会的憧憬以及理性自觉能力也是最终实现和乐社会的关键因素。

第四，"一"特指北斗星天象基础上的万物一致法则。学派后

---

① 关志国：《道家黄老派法哲学研究》，中国社会科学出版社 2016 年版，第 80—89 页。

期《环流第五》以北斗星作为宇宙中心，"一之法立，而万物皆来属"，宇宙万物均围绕北斗运行。斗柄（北斗星）的运行被称为"道之用法"，斗柄的不同指向决定了春夏秋冬的四时交替。"天"之法则是建立在日月列星的天象基础之上，而"一"之法则是建立在北斗星的天象基础上的，并且后者逐渐确立了统领地位，天地的无极地位也是由斗柄决定的。

根据各方面认识内容考察《鹖冠子》中"一"的内涵，存在着明显的类别次第与发展演变的逻辑脉络。早期的《近迭第七》多论具体问题，没有涉及"一"，以法治为主。而《兵政第十四》开始出现"以五为一"与"五尚一"的命题，表明了认识的重大转折，力求实现对客观事物的规律性的洞察，在区分天人主客的前提下彰显主体自我的能动作用。至《学问第十五》融合阴阳、法令、人情、处兵等为"九道"，合"礼乐仁义忠信"之目为"数"。吸取各家之长的结果是，使认识的内容更加丰富完整。而《度万第八》的"以一度万"统合道德，以高度的逻辑思辨揭示人生觉悟的内涵。阴阳、名法、儒墨中的合理思想贯通其中，最终达到形上学与社会政治以及人情物理的一致。

王中江在《根源、制度和秩序——从老子到黄老》一书中说""一"的思想的展开及其形态"中，对于"一"概念的发展和内涵有明确的总结："早期道家的'一'，从它由老子开创的时候起，它就具有了类似于'道'的根源性和根本性意义，它被看成是万物的最高本质和内在根据，这也成为之后它思想演变的基础。我们知道，'一'在后来的演变中，又有了类似的'泰一'的名称。'一'或'泰一'被看成万物的创造者而处于宇宙的开端"正是由它进行的创造，经过一些不同的阶段，世界和万物才被创造出来，它也成了万物之母。我们知道，对于建立良好的社会政治秩序来说，'一'又是最高的治道，并又被具体化为统一的、普遍的'法'的治理。统治者的'执一',既是掌握'一'的根本原则,又是坚持'法'的统一治理,还是修炼'专一'的精神。"① 此论可谓精辟。虽然在该章论述中,仅是点明《鹖冠子》处于"一"思想展开的第四阶段,没有详细论述相关内容,但《鹖冠子》中"一"的观念和内涵,是完全支撑以上结论的。

尤其在《鹖冠子》中《度万第八》与《王铁第九》两篇,涵盖了天地、阴阳、圣人、法令的"一",成为最普遍的概念。《王铁第九》一方面肯定"一"即道"与天地存"的永恒性,另一方面《度万第八》认为唯一之道"上及太清,下及太宁,中及万灵"的普遍性。《环流第五》将北斗星作为"一"的天象表征,《天则第四》进一步说明"天之不违,以不离一,天若离一,反还为物。"如果离开了"一"的法则,那么"天"也只是普通一物而已。这些充满了形上学内容的成分,在《泰鸿第十》与《泰录第十一》中使《鹖冠子》的认识发展极点,圣人已经被神化为"泰一",其居中央之位,是"百神仰制"的主宰者。

---

① 王中江:《根源、制度和秩序——从老子到黄老》,中国人民大学出版社 2018 年版,第139—140 页。

第 三 章

基于"道生法"的形上依据

　　黄老学以"道"为理论根基。《鹖冠子》作为黄老学的代表著作，深化了道德的内涵。《学问第十五》将道具体化为"九道"，《博选第一》说"道凡四稽"，均是对道的进一步具体论述。"道生法"是黄老学的重要理论特征，在《黄老帛书》《管子》中均有提及，《鹖冠子》中也有具体的说明。虽然在鹖冠子学派的发展过程中，出现了天地、北斗、气等不同的法则依据，但其道法内涵没有改变，并贯彻始终。在天地的法则依据下，阴阳之气需要经过天地与水火的交互作用生成；但在北斗的法则依据下，"有一而有气"，气成为物质的基本元素，天地反而由气所成。

第一节　道生法

　　《道德经》中"道"的核心是自然无为。《鹖冠子》丰富了"道"的内容，尝试对自然的具体内容和无为的原则进行说明。《鹖冠子》认为道有四个维度、九项内容，通过法则显现自身。《博选第一》中说"道凡四稽：天、地、人、命"，从自然物质规律、人的本性以及社会政治方面对道进行了详细说明。《学问第十五》中的"九道"是从内容来说，在道德的纲领下，具体为阴阳、法令、天官、神征、伎艺、人情、械器、处兵。此时道家已经吸纳了阴阳家、法家、儒家、兵家思想，涉及社会的各方面，全面有序。法则作为秩序的支撑，贯通天地人。社会法则依据自然法则，就会像自然一样永恒，达到"无为而无不为"。《兵政第十四》中，通过"贤生圣，圣生道，道生法，法生神，神生明"，拓展了圣贤、道法、神明之间的关系。"道生法"，陆佃注曰"一阴一阳之谓道，制而用之谓之法"，道作为宇宙万物的起源、本质和秩序，其具体运行即成法则。圣人领悟了道，得道成王，因道立法，治理国家。

一 道凡四稽

周代"以德配天"的思想标志着人文转向的开始。春秋战国时期，诸子更是以"道"的维度来洗涤、充实天的内涵，使人文色彩更浓。儒家讲"仁"道，尽心知性便可知天；道家将"自然"的因素融入天，认为"人法地，地法天，天法道，道法自然"；墨子的"天志"实际上是圣贤为王及其主张的最高保障。各家用自身之道改变了帝、神之"天"，形成了自然秩序与社会制度、人文伦理相统一的新天道。道的出现与完善，意味着人主体性的真正觉醒。人们自主选择人生道路，成就自我，而不再依赖于祸福之天的恩赏。道不仅包含着对于客观世界的认知，还意味着应当采取何种方式来生活。从周代"以德配天"至战国末期"道德"的转变，标志着人文转向的进一步深入。

《道德经》确立了道的本体地位，第二十五章说："道大，天大，地大，王亦大。域中有四大，而王居其一焉。"以天、地、王（人）为主要对象，说明了道的普遍适用性。"人法地，地法天，天法道，道法自然"，指出人遵循天地而行，天地遵循自然而行，但天、地、人的具体法则，老子并没有详细说明。《黄老帛书》作为早期的黄老学著作，具体探讨了三者所需要考察的内容。《四度》中讲到天、地、人之稽：

> 日、月、星辰之期，四时之度，【动静】之位，外内之处，天之稽也。高【下】不蔽其形，美恶不匿其情，地之稽也。君臣不失其位，士不失其处，任能毋过其所长，去私而立公，人之稽也。

天从日、月、星辰的运行来考察，地从地理形势来考察，人主要是从社会法则的角度：君臣各居其位，任贤使能，公私分明。天人之间具有一致性，因为"君臣当位谓之静"，君臣各行其职，才能使社会秩序像星辰运行一样动静有度。

《鹖冠子》在《黄老帛书》的基础上，提出"道凡四稽"的命题，强调了人恶死乐生的自然本性，以及任贤使能的重要性。《博选第一》言："道凡四稽：一曰天，二曰地，三曰人，四曰命。"就是从天、地、人、命四个角度来理解道。

> 所谓天者，物理情者也；所谓地者，常弗去者也；所谓人者，恶死乐生者也；所谓命者，靡不在君者也。

其实这四个方面是从自然界、人之本性，社会秩序来讲。天地代表了自然万物的本性与规律。这是《鹖冠子》大多数篇章的认识，如《道端第六》中也说："天者，万物所以得立也；地者，万物所以得安也。"天地不仅仅单指天空与土地，而是成为自然万物及其规律秩序的代称。

除去天地的物理之情，人也有其自然属性。人人要吃饭穿衣，而且厌恶死亡，珍视生命。《鹖冠子》称这种先天本性为人情，并多次提到"见遗不掇，非人情也"；"缓则怠，急则困，见闲则以奇相御，人之情也"（《天则第四》）。见到地上有遗失的东西而不捡起来，不符合人情。事情进程缓慢，人们就容易懈怠，催得急呢，又会陷入困境，看到机会就采取不正常手段，这也是人情。

君王、圣人之所以能够统治成千上万，甚至更多的民众，就是根据这种人情。《王铁第九》鹖冠子曰："虎狼杀人，乌苍从上，蟥蛾从下聚之。六者异类，然同时俱至者何也，所欲同也。由是观之，有人之名，则同人之情耳，何故不可乎。"虎狼杀了人之后，乌鸦老鹰从上捕食，蚯蚓小虫从下聚集腐食。六种动物属于不同的种类，但都来到这里，是因为它们有一样的欲望需求。由此看来，人也具有一样的欲望情感，据此来采取奖赏、惩罚等措施，无论是一个人，还是一国的人，都可以得到有效的治理。

而社会是否能够得到有效的治理，还要看君主是否能够尊崇圣贤。"所谓命者，靡不在君者也"，即君主通过发号施令，使万物各安其命。君主是否能够胜任，关键是看对圣贤的态度。如果像师友一样对待圣贤，就能成就帝王之业。

《博选第一》篇中的"道凡四稽"，很有可能参考了《黄老帛书·四度》篇中的"度之稽、天之稽、地之稽、人之稽"。但《博选第一》的重点在于说明选贤的重要性，因此加入"命"这一考察角度，与君主相联系，说明对待圣贤的不同态度，决定了国家的兴亡。

二 终于九道

春秋战国时期，礼乐崩坏，争战不断。儒、墨、法、道、阴阳、名等各家思想纷纷而出，在碰撞与融合中探索着历史文明前进的方向。战国中后期，诸子理论成熟，出现更细化的分支，如《韩非子·显学》中说："儒分为八，墨离为三"，儒家理论出现了性善、性恶的不同倾向，墨家也有相里氏之墨、相夫氏之墨和邓陵氏之墨。《庄子·天下》篇中讲到道家学说，也有田骈、慎到与关尹、老聃、庄周的区别。百家争鸣，《孟子》批"杨、墨"，《墨子》有

《非儒》，《荀子》有《非十二子》，均是各家的思想碰撞。在理论深入与批判融合的基础上，才出现了司马谈《论六家要旨》中博采众长的"道德"家。

《鹖冠子》以道德为本，阴阳五行为经纬，主张"道法"，推崇"尚贤"，吸纳道、法、儒、墨、阴阳、名各家之长，融为"九道"。《学问第十五》中记载：

> 庞子问鹖冠子曰："圣人学问服师也，亦有终始乎，抑其拾诵记辞阖棺而止乎？"鹖冠子曰："始于初问，终于九道。若不闻九道之解，拾诵记辞，阖棺而止，以何定乎？"庞子曰："何谓九道？"鹖冠子曰："一曰道德，二曰阴阳，三曰法令，四曰天官，五曰神征，六曰伎艺，七曰人情，八曰械器，九曰处兵。"庞子曰："愿闻九道之事。"鹖冠子曰："道德者，操行所以为素也。阴阳者，分数所以观气变也。法令者，主道治乱国之命也。天官者，表仪祥兆下之应也。神征者，风采光景所以序怪也。伎艺者，如胜同任所以出无独异也。人情者，小大愚知贤不肖雄俊豪英相万也。械器者，假乘焉世用国备也。处兵者，威柄所持立不败之地也。

庞子问鹖冠子说，圣人向老师请教学习，也有开始与终结吗，还是背诵记忆一些文辞，到死为止呢？鹖冠子回答说，学习开始于追问，终结于"九道"。如果不明白"九道"，只是背诵记忆文辞，至死为止，拿什么来安身立命呢？庞子向鹖冠子请教"九道"的内容。鹖冠子回答说，道德是操行的根本；阴阳划分历数，用来观察气的变化；法令主管引导治乱，是国家的命脉；天官表征祥兆，照应下世发生的事情；神征是风采光景，说明奇异的现象；伎艺就是胜任工作，而具有出众的技能；人情是知道小大愚智、贤人不肖、雄俊豪英；械器是兵马车税，国家的装备；处兵是持有威慑天下的权力，以立于不败之地。

在"九道"中，道德是总纲，是所有行为的依据。古人仰观天文，俯察地理，中悉人事，认为在自然规律与社会秩序之间，具有贯通的一致性，就是道德。阴阳则是对日月运行四季推移的自然变化的概括，法令则是这两个方面的具体展开。余者围绕以上三个核心内容，予以更加系统的落实。阴阳的运行形成节气、时令、历法，而法令、天官、神征则由天道推及人道，达到天人的和谐一致。法令贯通了天地的法则而在人世间形成制度。春主生而秋主杀，如果春季杀伤，则会造成国家混乱。天官通过天象、神征通过占卜来说明人世间的现象。这些均表明道家对于阴阳家、法家、墨家思想的吸收。而伎艺、人情、械器、处兵则是富国强兵的具体策略，表明了战国的时代需求。选贤任能是富国的人才战略，前提是人情的分辨。器械是对国家实力、装备的关注，处兵则是关乎国家存亡最重要的内容。

其中"天官"代表了天文、天象。《史记》中有《天官书》，司马贞《史记索隐》注说："天文有五官。官者，星官也。星座有尊卑，若之官曹列位，故曰天官。"① 《史记·太史公自序》中也说："太史公学天官于唐都。"由此可见，天官是天文、天象的相关知识。天官与神征则透过天象的休吉，使神征即自然的神圣权威，依赖占卜揭示其蕴藏的社会生活内涵。而伎艺、人情、械器、处兵则是富国强兵的具体策略，不仅关注了选贤任能的价值评价，而且还包括了对器械的物质创造的重视。人情因此成为沟通各方面内容的枢纽，始终没有脱离以圣人为代表的每一个人的生命与生活的核心主题。

---

① 参见《史记三家注》卷27，《天官书》第五，《钦定四库全书·史部》，文渊阁本。

道德作为贯穿全书的总纲领，在《环流第五》篇中做了说明：

> 所谓道者，无己者也；所谓德者，能得人者也。

道，就是"无己"，指外在于主观自我的那部分事物与规律，不仅包括自然界、自然规律，还包括人的自然属性与社会规律。这些都是"无己"的内容，无论是山川大地，人的自然需求，社会的法令制度，都是道。而人对于道的认识与合理运用，被称为"德"。有德之人，既能正己身，又能吸引成千上万的民众归附，完成"德"的最高成就。

首先，德是对道的认识与运用。《天权第十七》中言：

> 夫道者必有应而后至，事者必有德而后成。夫德知事之所成，成之所得，而后曰我能成之，成无为，得无来，详察其道何由然哉。

道，必定通过物来显现自身，做事必定要通过德来成就。之所以能够成功成德，并不是其他原因，而正是因为详察了道之由然。《黄老帛书·称》言："道无始而有应。"道没有开始，但都是通过应物来显现自身。通过观察具体事物，才能够领会"道"，根据事物之理去取得成功。

《鹖冠子》中很多篇章都在描述一个黑白颠倒的乱世，而导致世事混乱的原因就是背离道德后依然固执己见。《度万第八》言："夫生生而倍其本，则德专己知无道，上乱天文，下灭地理，中绝人和，治渐终始，故听而无闻，视而无见，白昼而暗。"不根据事物本身的规律，而是一味任性妄为，那么就会天地无常，人事混乱，黑白颠倒。脱离了"道"的"德"只能给社会带来混乱，这表明此时的"德"已经不单单是周代德礼之"德",而是经过"道"的洗礼之后,具有"道"之内涵的"道德"。这种"德"尊重自然规律,以民为本,从而上下各司其职,形成像自然天体一般合理长久的秩序。

其次,圣人是德的成就者。《度万第八》云:"圣人者,德之正也。"圣人通过学习认识道之后,就能实现从内到外、从身到国、从人类到自然,以至于整个宇宙的和谐一致。圣人因道立法,建立社会规则。《度万第八》又云:"天地阴阳,取稽于身……十变九道,稽从身始。五音六律,稽从身出。"《黄老帛书·五正》中黄帝想实施五正,问从何处开始,阉冉答曰"始在于身,中有正度,后及外人。"《文子》中也说:"身得则万物备矣。"此处的"身"主要是指圣人、帝王之身。在春秋战国时期,"选贤"成为主流,而圣人是理想的楷模。圣人作为"执道者","生法者",先于他人领悟道,并制定出合于天理人情的法则。

最后,万民是德之精。如果说道是德的前提,圣人是德的成就者,那么成就万民就是德的最终目的。《度万第八》言:"故法错而阴阳调。凤凰者,鹑火之禽,阳之精也,麒麟者,元柎之兽,阴之精也,万民者,德之精也,德能致之,其精毕至。"凤凰是阳气之精华,麒麟是阴气的精华,而万民是德的精华。如果君王具有德行的感召力,万民就会归顺。

《鹖冠子》在"道"的前提下,充实了德的内涵,突出了圣人的地位,彰显了人的主观能动性。"九道"具体说明了道德的内容,圣人在仰观天文,俯察地理,中悉人事的前提下,洞察自然规律,建立社会秩序,维护整个宇宙的生生不息与和谐共处。

三 道生法

春秋战国是剧烈动荡的历史时期,伴随着重建社会秩序与寻求政治合理性的过程。建立在天神、上帝与血缘基础上的天命观受到质疑，政治权力的合法性发生动摇，利益的冲突以战争的形式愈演愈烈。如何富国强兵，并建立起一个合理稳固的政权，成为时代最为关键的论题。兵家和法家实用而见成效，兵家可以使国家在乱世立于不败之地，而法家以才能、军功定爵位俸禄的策略激发了生产潜能，优化了生产关系，迅速使国家强盛起来。秦国正是通过商鞅变法成为强国，进而推崇韩非子的学说实现了六国统一。法治摧毁了分封制的政治割据状态，消解了宗室特权，秦国成为一个郡县制基础上的君主专制国家。

但在以家天下为基础的君主制度下，"法"并没有促成公正平等，反而成为专制利器。君主的权威之下，贤能的地位是受到压制的，"君立而贤者不尊"（《慎子》），君主为了维护自身利益与尊严，难免会牺牲贤能之士的良策甚至生命。"法"在摧毁了阻碍统一及进步的封建割据和宗族特权之后，成为依附在君主专制制度上的工具，苛刻的法制严重扰乱了民众的生活。这种因"法"带来的负面影响，《老子》早有先见之明："天下多忌讳，而人弥贫；人多利器，国家滋昏；人多伎巧，奇物滋起；法物滋彰，盗贼多有。"（第五十七章）根据朱谦之的《老子校释》，此处的"法物"主要是作"法令"解：

> 景福、奈卷、河上并作"法物"，楼正、傅、范、王羲之并作"法令"。案作"法令"是也，"法物"无义。链本成疏"法物犹法令"，知"法令"义优。淮南道应训、文子道原篇、史记酷吏列传、后汉书东夷传引并作"法令"。"物"字盖涉上文"奇物"二字而误。

当时的法令制度在《老子》看来，已经偏离了道的本义，从而给人们的生活带来很多扰乱。为了保证君主"食税"等利益而制定的法令，并没有减少盗贼的数量，反而使之更多。因此，法如果不能体现公平与正义，仅作为实现君主利益的工具，对于社会安定反而是一种负面因素，所以《老子》对当时的"法"持消极看法。

而黄老学则从"道"的高度来理解"法"，强调"道生法"，弥补了法家原本存在的理论偏颇。法的内涵突破了度量意义上的法规，赏罚意义上的法律等约定俗成概念，在"道"的依据下得以丰富和完善，贯通自然、社会与人情，而具有了深邃广阔的哲学意蕴。陈鼓应认为"引法入道"是战国黄老的重要特点。① 白奚也认为"这一命题将道与法统一起来，明确地揭示了道与法的基本关系——法是由道派生的，是道这一宇宙间的根本法则在社会领域的落实和体现。这就不仅从宇宙观的角度为法治找到了理论根据，从而使之易于被人接受，而且也为道这一抽象的本体和法则在社会政治领域中找到了归着点，使道不再高高在上、虚无缥缈，从而大大增强了道的实用性。……'道生法'应当被视为黄老学派的第一命题。"② 以此，"法"的内涵及理解基于道开始具有更广阔的理论意义。

道家发展到黄老学阶段，对"法"的理解已经发生了实质性的改变。法已经不是扰乱社会运行的因素，而成为"道"之秩序实现的准则。在《鹖冠子》中，不仅提出"道生法"，而且对法的起源、内容、意义有着详细的讨论。道法的内涵非常丰富：不仅包含度量意义上的法规，赏罚意义上的法律，而且还有自然社会意义上的总法则。从自然规律的层面上来讲，四季的交替，日月星辰的运行都有其自身的法则。在社会规律的层面，不再依靠宗法，而是依据道的准则重新考量、制定各种法令制度，以民为基础，以贤能为

---

① 陈鼓应：《黄老帛书今注今译》，商务印书馆 2007 年版，序言第 2 页。
② 白奚：《稷下学研究》，生活·读书·新知三联书店 1998 年版，第 120 页。

中流砥柱,以郡县法制为社会结构,宣扬一种"道法"基础上的大同社会。《鹖冠子》中的"道法"主要有以下特征。

首先,道落实于法。道的虚无之"本"、因循之"用"通过具体之"法"联结起来。"道"之虚无落实于"法"之具体原则,既传承了"道"高妙深远的本体思维,又关注具体之"用"的实施途径,"本""用"通过"法"联结起来,丰富了道家的"无为"举措,弥补了法家原本存在的理论偏颇,是道家哲学理论的一大进步。《黄老帛书》首篇《经法》第一句即是"道生法";《管子·心术上》篇言:"故杀僇禁诛以一之也,故事督乎法,法出乎权,权出乎道。"《鹖冠子》也强调"道生法",事物自身的性质决定运行规律与发展准则。《老子》的道确立了规律的客观性,这一点在《鹖冠子》中得到继续发扬,并以法的形式在自然社会领域得到具体化。虽然在不同的历史时期出现了天地、北斗、气等法则依据,但这些都是源于经验积累的抽象总结,而非超出物质世界的神秘力量。在道法的形上依据下,自然与社会有序有则地运行。

其次,法依据道开拓了自身的广度和深度。法不再停留于法令制度的层次,还上及天文,下统地理,中兼人情,统筹世间一切法则。自然与社会法则立足于道的高度一致,并能相互感应。起初最尊贵的是天,由于日月列星而具有诚、信、明、因、一的特性;然后北斗星确立了自己独一无二的地位,成为"道之用法",代表日月列星的"天"也依据"一"来运转。《王铁第九》在日月列星之天的基础上构建"成鸠之制",设计出理想的政治结构。《度万第八》提出了天地化育万物的生成过程,从而"天人同文,地人同理",天地人之间互相感应,"一义失此,万或乱彼",任何局部的紊乱都会干扰整体的有序运行,在生生不息的宇宙层面贯通了自然界与人类社会。

法的意义确定以后,可以由此判定是非。《环流第五》中说:

是者，法之所与亲也，非者，法之所与离也。是与法亲故强，非与法离故亡，法不如言故乱其宗。

"法"是判断是非的依据。《黄老帛书·经法·名理》中也有类似的说明："是非有分，以法断之；虚静谨听，以法为符。"说明法在贯通天地人一切原则之后，成为行事的准则，是非判断的标准。

最后，道依赖于圣人"生"法，"生"，即道法彰显自身的途径。圣人作为道法的先觉者，通晓天文地理，制定社会法则，从这个意义上说，他是一名"生法者"。《环流第五》中言："生成在己，谓之圣人。惟圣人究道之情，唯道之法，公政以明。"就是将圣人理解为道法的领悟者和具体法则的制定者。《兵政第十四》篇中甚至说"圣生道"，圣人不仅"生法"，还可以"生道"，这都是认识论的角度来说明，道法必须通过圣人来彰显。由于道是宇宙存在的终极依据，因此圣人因道立法莅临王位，具有统治的合理合法性，即《泰录第十一》中"师为君而学为臣"的主张。

"道法"观念在《鹖冠子》中，是逐渐显明并深入发展的。在比较早的篇章《近迭第七》中，"法"与度、数联系起来讲，已经超越度量、赏罚意义上的法，但还没有具体说明道法。鹖冠子说："法度无以嚱意为摸，圣人按数循法尚有不全，是故人不百其法者，不能为天下主。"说明掌握全备的法是成为天下主的前提条件。《兵政第十四》中说："贤生圣，圣生道，道生法，法生神，神生明。神明者正之末也，末受之本，是故相保。"提出"道生法"的重要命题，奠定了《鹖冠子》道法哲学的基础。作为"物之然"的道，成为法则的依据。

《王铁第九》将天地作为法则依据，将日月列星的运行规律，并由此体现出的诚、信、明、因、一的特性充实到天的内涵，成为天尊贵恒常的依据。《王钺第九》中"成鸠之制"的形上依据是天地与神明，整个世界之"天"的"法"，就是四季推移昼夜交替的变化。内在运动变化的依据与准则不容有二，"一"因此指向了本体之道。对此《天则第四》指出："天之不违，以不离一，天若离一，反还为物。"一与天或道与物的逻辑关系被清晰地揭示，说明离开了四时、五行等，天将成为纯粹空洞的概念，丧失了任何的意义。《环流第五》说"有一而有气"且万物"莫不发于气"，一方面指明一切事物皆为同一的物质元素之气，另一方面指出了变化就是气的运行，始终不能与"一"发生疏离。至于"五正"的最高统治者被称为"气皇"，意为气之主宰，说明治国也是以对气的究竟底蕴的领会而展开。最高的神明就是元气的昭著显明神妙莫测。《泰录第十一》的"神明者，积精微全粹之所成也"命题，明确地定位在了对宇宙崇高本质的敬畏领域，提升了《王钺第九》仅涉及神灵与祭祀的"神明"内涵。因此，《度万第八》指出："故一义失此，万或乱彼，所失甚少，所败甚众。"无论是哪一方面有所偏失，都会影响到整体全局。反映在社会生活中，如果刑法过于苛刻，就会导致水火不生，进而扰乱自然界万物的生存。这样我们就可以理解，"五正"中的最高境界被称为"神化"，主导者被尊为"气皇"；稍低的"官治"的统治者，又被称为"神明"，是被神化了的贤圣。在"神化"的状态下，消除了所有的人为痕迹，一切都是自然的成就。这就是"道生法"昭示于世人的真理。

《鹖冠子》之"道法"与商、韩等法家之"法"已经有了实质性的区别。道法彰显万物的起源、本质、秩序，圣人因道立法莅临王位，在此基础上摆脱了血缘继承君本位，避免了私权导致的扰乱社会因素，而遵循以民为本，成为追寻大同社会的基本准则。白奚在《学术发展史视野下的先秦黄老之学》一文中论及黄老之"法"

与法家的不同:①

> 黄老之学的政论,其基本主张是以法治国。众所周知,以法治国是法家的基本主张,并由此而与主张以礼治国的儒家相对立。那么,同样是主张以法治国,黄老道家和法家有什么不同呢?笔者认为,两者的区别有二:其一,法家的法治主张较为严苛,专任严刑峻法,黄老之学的法治主张则较为温和。形成这一差异的原因,在于黄老之学对儒家思想的吸收,对此本文留待后面讨论。其二,黄老之学的法治主张有较强的哲理性,而法家的法治主张则缺乏理论深度。形成这一差异的原因就在于,黄老之学的法治主张是以道论为哲学基础的,而法家则对道论之类的抽象理论问题不感兴趣。道法结合是黄老之学的一个重要学术特征,一批崇尚法治并欣赏道家思想的学者们发现,传统的道家学说虽然排斥法治,但其中崇尚自然、顺应天道、因任人的本性、反对人为干预等思想却可以用来作为变法的理论依据,论证实行法治的合理性、必然性和可行性。由于找到了道法结合、以道论法这条新路,从而使得法治主张在黄老之学那里获得了前所未有的理论深度,从"道"的高度为实行法治作了哲学论证,避免了法家那种疏于理论、缺乏论证的刀笔式的缺陷;同时也一改早期道家对政治权威的疏离感和排斥法治的传统主张,使其在现实的社会政治领域具有了更大的施展空间和更高的实用价值。

白奚概述了黄老道家和法家对于"法"理解的两点不同:第一,黄老之法由于引入了儒家德治的内容,避免了严刑峻法的严苛

---

① 白奚:《学术发展史视野下的先秦黄老之学》,《人文杂志》2005 年第 1 期。

之处；第二，从道的高度为现实政治提供合法性，有了更广阔的理论发展空间。

除了上述两点之外，《鹖冠子》还发展出和法家明显不同的两个特征：第一，"为之以民"，将民作为道法的核心。《天则第四》中说："为之以民，道之要也。唯民知极，弗之代也。"除了民众自身，没有人能够代表他们的利益。立足于自然之道的法挣脱了君主利益的窠臼，成为彰显万物自性及个体自由发展的依据。第二，摒弃了血缘继承制，《泰录第十一》篇认为"故师为君而学为臣，上贤为天子，次贤为三公，高为诸侯，易姓而王，不以祖籍为君者，欲同一善之安也"。师者为君，最贤能的人来做天子，然后依次为三公、诸侯。君王不再由血缘祖籍来决定，王位的继承也不局限于某一固定姓氏。这样也就彻底消解了君与贤之间的矛盾。《鹖冠子》"为之以民"的道法内核和因贤论位的政治观念发出熠熠生辉的光芒，却被两千多年以血缘继承为主的君主制深深掩盖。

黄老道家之"法"不仅与法家的理解不同，而且和西方"自然法"也具有明显差异。西方学术界普遍关注后者，戴卡琳说："西方学者对于《鹖冠子》的兴趣有一个特别的原因，他们想知道中国古代思想家，尤其是道家，到底有没有'Law of nature'（自然法）的观念。"[1] 李约瑟也认为："如果有一本中国古籍能包括'Law of nature'的观念，应该是《鹖冠子》。"[2] 在黄老学中，《鹖冠子》确实是道法思想最丰富的代表作。《黄老帛书》虽然首句即是"道生法"，但通篇更重"天名"，主张"循名复一"。书中也有法则的相关论述，但道法特色明显逊于《鹖冠子》。至于《鹖冠子》中是否具有"自然法"的观念，应当对西方语境中的"自然

---

① 戴卡琳：《西方人对〈鹖冠子〉的兴趣——自然法的普遍性》，《道家文化研究》第十五辑，生活·读书·新知三联书店1999年版，第118页。

② 戴卡琳：《西方人对〈鹖冠子〉的兴趣——自然法的普遍性》，《道家文化研究》第十五辑，生活·读书·新知三联书店1999年版，第118页。

法"以及《鹖冠子》中的"法"进行仔细分析。"道法"的来源是自然，但却没有西方自然法中"天赋人权"的内涵。因为"道法"仅仅保障到民，而非具体个人。圣人为民，因道立法，可以说"道法"在一定程度上平衡了君、民之间的权益，保障了民权，但并非每一个体的人权。"道法"从根本上强调圣人取得统治权力的合理性，进而保证了民众的利益，这和现代社会意义上的民权、人权理解本质上仍有差异。关志国在《道家黄老学派法哲学研究》一书中专列"黄老学派法哲学与西方自然法哲学的区别"[①] 章节从三个方面进行了讨论：第一，自然的内涵。自然作为事物发展、变化的必然性，他认同陈鼓应的观点认为自然并不指具体存在的东西，而是形容"自己如此"的一种状态，并非自然界之实体。因此，"道法自然"中的"自然"概念与 natural law 中的"自然"是两个全然不同的概念。西方的自然法来自一个超验的世界，这个超验的世界，或者是柏拉图的绝对理念，或者是基督教神性的绝对存在。因此黄老派法哲学中的"道"与犹太基督教中的上帝、亚里士多德的第一推动者、柏拉图的理念的含义是不同的。第二，理性与自然法的认知。自然法哲学强调平等和正义，而黄老学派的主张在"道"的体认上就是不平等的，可见黄老学派的思维与自然法哲学有着根本的区别。第三，"法律自然主义"不是自然法的特征。黄老学甚至整个道家、儒家都认为天道和人道是相互作用的，并不存在一个超验的自然法则，这和自然法哲学的法律来源也不同。这些观点都比较中肯。

《鹖冠子》作为黄老学的代表著作，强调"道生法"，具有三个方面的积极理论意义。首先，"道"的虚无之本落实于"法"之具体，既传承了"道"高妙深远的哲学思维，又关注具体之"用"

---

① 关志国：《道家黄老学派法哲学研究》，中国社会科学出版社 2016 年版，第 155 页。

的实施途径，"本""用"通过"法"联结起来，完善了《道德经》中从"无为"达到"无不为"的行为准则，丰富了道家的政治建构。其次，"道"的依据下"法"得以丰富和完善，贯通自然、社会与人情，而具有了深邃广阔的哲学意蕴，弥补了法家原本存在的理论偏颇。最后，认识掌握了"道法"的圣贤，自然具有了治理社会的合理合法性，"上贤为天子"彻底消解了君与贤之间的矛盾，"为之以民"也成为彰显万物自性及个体自由发展的依据。《鹖冠子》中"为之以民"的道法内核和因贤论位的政治观念，在当今看来极具先进性，但在古时，不仅"上贤为天子"被帝王世家所排斥，学者也斥责《鹖冠子》中的"官民同法"观点为"妄论王政"，这也许是《鹖冠子》被认为是"伪书"，不被时人接受的内在原因。

第二节　前期以天地为主的法则依据

　　鹖冠子学派的前期以天地作为法则的主要依据，日、月、列星之天作为最直观的经验，成为整个宇宙时空运转的形上依据。以天地为基础的"天地—水火—阴阳之气"生成论，具有前期道家的生成论特征，即以水作为万物生成的中介。万物的生成与人类活动之间存在着相互作用，当不肖之人居于圣贤之上，或者严刑峻法压迫民众太甚，都会导致天地不能生出水火，进而扰乱整个自然界的生生秩序。

一　天：诚、明、信、因、一

　　在道的前提下，天逐步褪去自身的神性色彩，其法则内涵得到充分讨论。《王铁第九》中，"天"的法则性通过日、月、列星、四时的运行表现出来，天地成为法则的主要依据。因为成鸠氏

"天"，所以他的尊贵地位不可动摇。鹖冠子说：

> 天者诚其日德也，日诚出诚入，南北有极，故莫弗以为法则。天者信其月刑也，月信死信生，终则有始，故莫弗以为政。天者明星其稽也，列星不乱，各以序行，故小大莫弗以章。天者因时其则也，四时当名代而不干，故莫弗以为必然。天者一法其同也，前后左右，古今自如，故莫弗以为常。天诚、信、明、因、一，不为众父易一，故莫能与争先。易一非一，故不可尊增。成鸠得一，故莫不仰制焉。

天主要有诚、信、明、因、一五种特性，通过日、月、列星、四时表现出来。而且日月星辰、四季交替的规律始终如此，古今不变。天代表了他们的总法则，并映照人类社会。太阳代表德，赋予万物生机；而月亮代表刑，规范万物生息；列星运行代表了社会组织的章法，每个人仿佛一颗星，都在轨道上有秩序地运行。"一"就是法则的终极一致性。"天"代表时空的抽象意义，长久不变。人类社会如果想建立永恒的政权，就要以天的特性为依据。"彼成鸠氏天，故莫能增其高尊其灵。"成鸠氏因天而行，所以地位尊贵。他按照日月四时的运行来设置人间的政治结构，同时根据天象的德性来教化民众，设置刑法，从天到人，贯通一致。所以"成鸠得一，故莫不仰制焉"，后世均以为榜样。

赋予刑德等社会规范与日月自运行规律的一致性，是继承了《黄老帛书》中的思想。《观》中说："春夏为德，秋冬为刑"，"刑德皇皇，日月相望"。刑德如日月运行、春夏秋冬交替一样交互养生。《论》中有进一步的说明：

> 天执一以明三，日信出信入，南北有极，【度之稽也。月

信生信】死，进退有常，数之稽也。列星有数，而不失其行，信之稽也。天明三以定一，则万物莫不至矣。天明三以定二，则壹晦壹明，【壹阴壹阳，壹短壹长】。

天的法则性通过对于日月星辰的运行规律显明，但仅以度、数论，多指万物的运行规律，而没有涉及德、刑等政治秩序，说明《黄老帛书》观察到了日月的运行规律，也将天道作为社会秩序的根源，但具体的天象如日月列星还没有与社会秩序在特性上有机统一。在《泰鸿第十》中有与此更相似的段落：

日信出信入，南北有极，度之稽也。月信死信生，进退有常，数之稽也。列星不乱其行，代而不干，位之稽也。天明三以定一，则万物莫不至矣。三时生长，一时煞刑，四时而定天地尽矣。

这段话明显是综合了上段话以及《论约》中的"三时成功，一时刑杀，天地之道也"的说法，但不同的是也将列星运行所具有的"信"之特性，改为秩序井然的"位"之表征，直接映照人间秩序。在《黄老帛书》书中，君臣秩序作为平定天下的"四度"之一，是"人之稽"，需要"参天地"，但没有将星辰排列作为社会秩序的天象根源。

通过以上的比较可以明显看出，《鹖冠子》比《黄老帛书》中的自然规律与社会秩序一致性更加精密，即天人的一统性更加深入。从中也可以看出自然法则性与社会秩序价值逐步统一的过程，起初仅是笼统的天地人互相参照，如《黄老帛书》中具备的天地德性主要是文武与德刑，既没有具体的天象德性对应，也没有四时与五方的时空对应。但这些内容在《鹖冠子》中都得到发展与完善，最终在《吕氏春秋》《淮南子》中得到全面的贯彻。《鹖冠子》作为理论发展的过程环节，为了解从祸福之天到法则秩序之天的转变，提供了丰富的文献依据。

二　地湿而火生焉，天燥而水生焉

天的法则性确立以后，自然与社会的秩序贯通一致，这种贯通性在天地生成论上得到进一步加强。《度万第八》中建立起一个"天地—水火—阴阳之气—万物"的生成论，表明以天地万物具有同源性。

> 天者神也，地者形也，地湿而火生焉，天燥而水生焉。法猛刑颇则神湿，神湿则天不生水，音□故声倒则形燥，形燥则地不生火。水火不生，则阴阳无以成气，度量无以成制，五胜无以成埶，万物无以成类。百业俱绝，万生皆困，济济混混，孰知其故。

寒热燥湿作为天地的属性，是当时的普遍共识，《黄老帛书·姓争》中说："夫天地之道，寒涅（热）燥湿，不能并立"。正是在此天地属性的基础上，水火的自然发生才成为可能。水从天降下，火在地上生成，水与火的相互作用形成阴阳之气。天地就是一个大炉子，上水下火，气从中而生，万物继而生成。

联系黄老学一贯的认识主张，结合《夜行第三》的"天，文也；地，理也"诸论，可以判断天地作为日月、阴阳、刑德、燥湿等规定或属性的代称，彼此的功能作用不能替代。而这些已出现于《黄老帛书》及新出土的《太一生水》与《恒先》的内容，随着气论的成熟在《鹖冠子》中得到了有力的整合。天地固有的功能作用必须在相互作用的条件下生起水火与阴阳等事物及其变化，否则万物正常生长的状态就会被扰乱。所谓"地湿而火生焉，天燥而水生焉"是指物极必反，相应地承认了纯粹的阴阳仅是普遍的逻辑抽象，不存在于客观世界。正是因为"节"的"度数"不容逾越，因此需要特别警惕"法猛刑颇"的过分之举，使自然的法则反映在人类的制度规范的建立上面。

继承了前人的气论成就的《鹖冠子》虽然还保留了水的要素，但是从属于阴阳或燥湿存在，不具有独立性。这可以从《度万第八》中"阴阳者，气之正也"的表述中，得到有力的证明。发展到《环流第五》中则"有一而有气"，指具有规定性的东西首先为气，成为物质的最本初显现。这是气论成熟前的粗浅生成论，以天地、水火为生成依据。这也反映了气论前的道家主流生成论，一般是以水为主的。《太一生水》《管子·水地》篇均有这种理论特征。《太一生水》中说：

> 太一生水。水反辅太一，是以成天。天反辅太一，是以成地。天地复相辅也，是以成神明。神明复相辅也，是以成阴阳。阴阳复相辅也，是以成四时。四时复相辅也，是以成沧热。沧热复相辅也，是以成湿燥。湿燥复相辅也，成岁而止。故岁者湿燥之所生也。湿燥者沧热之所生也。沧热者四时之所生也。四时者阴阳之所生也。阴阳者神明之所生也。神明者天地之所生也。天地者太一之所生也。

太一作为万物的本体，通过水的交互作用成天。天与水作用而成地，天地相辅以成神明。神明、阴阳、四时次第生成并发挥作用，产生沧热与湿燥的属性。一岁正是燥湿寒暑的循环，最基本的时间循环单位。《太一生水》说明了从太一到年岁的抽象生成过程。《度万第八》中的生成论与其相似的是，均是通过水、天地的交互作用产生了宇宙的生生不息。但《太一生水》中太一作为基本，水在天地之前发挥作用，而《度万第八》中以天地为根本，水在其后发挥作用，说明两者水、天地的地位关系认识存在着差异。

在《鹖冠子》的早期篇章中，天地作为道的形之大，是萌生万物、养育万物的实体。因此，生成论都是以天地为讨论对象。《度万第八》中构建了一个"天地—水火"之下的阴阳成气、万物成类的生成方式，形成自然社会一致的整体全局："故一义失此，万或乱彼，所失甚少，所败甚众。"这样，道法的原则就贯通了天地人三才。

第三节　后期以北斗、气为主的法则依据

学派后期的北斗、气论发展创新了前期的天地法则：一方面，北斗星作为一个恒定的宇宙中心，日、月、列星围绕它运转，从三转为一；另一方面，气不再由天地水火的交替作用产生，而是作为构成万物的基本元素，具有了哲学意义上的抽象性。这是一个逐步发展的过程，展现出鹖冠子学派日趋完善的形上理论。这一观念通过气表现出来，贯通了自然与社会法则。动静莫非气，万物的运行都是气的作用，因此对气的认识与把握决定了成败祸福。

一　一之法立

从《近迭第七》中的法度到《王铁第九》中的"天"之法则，再到《度万第八》中的"天地—水火—阴阳之气"的万物生成论，均是以天地为法则依据。此时的天地并非是物质性的苍苍之天或者厚重大地，而是囊括了宇宙的合理性，表示一种整体和谐。在后期篇章中，新的法则依据被提出，《环流第五》讲到北斗星主导天地运行：

　　斗柄东指，天下皆春，斗柄南指，天下皆夏，斗柄西指，
天下皆秋，斗柄北指，天下皆冬。斗柄运于上，事立于下，斗
柄指一方，四塞俱成。此道之用法也。故日月不足以言明，四
时不足以言功。一为之法，以成其业，故莫不道。一之法立，
而万物皆来属。

　　斗柄（北斗星）的运行被称为"道之用法"，是以"斗柄"的
指向为依据的，斗柄的不同指向决定了春夏秋冬的四时交替。根据
古代人的观察，他们每天从黄昏到黎明前都能清楚地看到北斗七
星。由于地球的自转，它的斗柄围绕北极旋转，可以指示夜间时间
的早晚；由于地球的公转，北斗七星也在围绕北极旋转，可以指示
春夏秋冬季节的变化。由于北斗星在不同的季节和夜晚不同的时
间，出现于天空中不同的方位，因此古人根据傍晚时斗柄所指的方
向来决定季节：斗柄指东，天下皆春；斗柄指南，天下皆夏；斗柄
指西，天下皆秋；斗柄指北，天下皆冬。这样四时就与方位联系
起来。

　　"天"之法则是建立在日月列星的天象基础之上，而"一"之
法则是建立在北斗星的天象基础上的，并且后者逐渐确立了统领地
位，天地的无极地位也开始由斗柄来决定。《天则第四》中说：
"弦望晦朔，终始相巡，逾年累岁，用不缦缦，此天之所柄以临斗
者也。"天地之所以无极，日月星辰按照规律运行，都是因为以北
斗星为依据。太阳东升西落，从不耽误时辰。月亮弦望晦朔，从弦
月到满月，从月末到月初，循环往复，从不间断。人间依靠太阳计
算时辰，月亮记录月份，星辰分布设立臣民名分。因此，"天之不
违，以不离一，天若离一，反还为物"。如果离开了"一"的法
则，那么"天"也只是普通一物而已。天的法则性不仅是社会秩序
的来源，也是社会价值的体现，体现在万物自性、人与物、人与他

人的关系上，就是"捐物任势"：

> 捐物任势者，天也。捐物任势，故莫能宰而不天。夫物故曲可改，人可使。法章物而不自许者，天之道也。

陆佃注解"捐物任势"时说："万物尽无，因任而已。"即是尽物性，随形势，无为而治。根据万物的章程，顺其自性发展，反而能够成就万物，没有遗缺。不因自身的利益，而以民的意愿来统治，就是天之道。这也是道的关键，"为之以民，道之要也"。这一认识使老子著名的"为无为"主张，直接指向了广大社会成员而非少数统治者，体现的是以民为本的精神或以全部社会成员的追求为目标的态度，反映了《鹖冠子》思想认识的不可替代的价值。

在北斗的形上依据中，天地不再成为根本的法则来源。"一之法立"，宇宙以北斗为运行中心，日、月、星辰都围绕其运行，四时、万物随着斗转星移而生生不息。宇宙以北斗为枢纽，而人间以天子为中心，建立起来一个秩序社会。

二　天地成于元气

道是永恒存在的，经验世界却变化多端，转瞬即逝。为能详尽说明万物的生成、变化、消亡、再生，灵动的"气"逐步被抽象为道家的核心形上观念。从具体的云气、血气，到初步抽象的阴阳之气、燥湿之气，最终化为"一气""元气"，成为道最基础的物质显现。万物都是气生成的，运动变化也是气聚散的表现。道与气分别作为最全面之抽象与最根本之潜在，相辅相成，来说明世界的一切现象与意义。气作为最初的物质形态，已经潜在了道的力量，在基础中孕育着整体的可能性。而道之整体必须通过最基础的气来演绎。

　　《道德经》第四十二章中说"道生一，一生二，二生三，三生万物。万物负阴而抱阳，冲气以为和"，没有明确说明气即是"一气"，多从阴阳之气的角度来理解。《黄老帛书》中也没有作为物质基本元素的"一气"概念。在《管子》《吕氏春秋》中出现了"精气"的概念，是气统一性的初步描述。《鹖冠子》中进一步提出"元气""一气"的概念，将气作为自然物性之本，为《淮南子》中气论的成熟奠定了基础。

　　《鹖冠子》共十九篇，其中十一篇均提到"气"的相关概念，可见"气"的观念在《鹖冠子》中已经得到普遍使用。没有出现"气"字的篇章仅有第一、二、七、十三、十四、十六、十七、十九篇，共八篇。其中第一、二、十三、十六、十九篇没有论及万物的本质与生成，余下《近迭第七》《兵政第十四》《天权第十七》三篇论及阴阳、五行等物质本原因素，但没有谈到气。这也再次说明《近迭第七》《兵政第十四》是早期出现的对话体篇章。

　　《鹖冠子》中的"气"，最初的时候用来描述具体的气体，如云气、湿气等。《度万第八》中讨论了气如何从天地而生，《泰录第十一》提出"天地成于元气"，《环流第五》中说："有一而有气"。从中隐约可以看出气的抽象过程：具体的气—阴阳之气——一气（元气）。

　　《鹖冠子》中的气显现出普遍性的抽象意义，具代表性的是《泰录第十一》中的"天地成于元气"与《环流第五》中的"有一而有气"。《鹖冠子》成书于周末汉初，而在《淮南子》之前。作为极有可能首次出现"元气"的著作，在哲学史上意义非凡。但戴卡琳指出《永乐大典》中收录的《泰录第十一》篇中仅有"元"字，而非"元气"。因此，深入理解《泰录第十一》篇的全文，从前后贯通的角度来辨析"元气"的观点，十分必要。

《泰鸿第十》与《泰录第十一》两篇涉及泰皇、泰鸿、泰一、精神等观念，呈现出与其他篇章不同的面貌。虽然文章主旨也是说明"天、地、人事，三者复一也"，但讨论的层次明显更加深入。在《度万第八》中，鹖冠子认为天地是产生阴阳之气的根本。但在《泰录第十一》中，作者开始讨论天地的开始。天地起源于一种"精微者"：

> 范无形，尝无味，以要名理之所会。范者，味之正也；味者，气之父母也；精微者，天地之始也。不见形窗，而天下归美焉。名尸神明者，大道是也。

范，规范，即法则的意思。（在《鹖冠子》中，只有《王铁第九》《泰鸿第十》《泰录第十一》篇提到"范"的相关论述，这也许是三篇依次连续排列的原因之一。）法则是没有形状的，尝起来也没有味道，但是却和名、理相符合。规范是味的标准；味是气的父母；精微的东西，是天地的开始。虽然没有具体的形状，但天下都以之为美。范、味、精微者，在现实中均不以具体形象存在，但却主宰着有形世界，这是大道之所以神妙的原因。这段话中的"精微者"就是道纯粹物性的显现。后文说得更加明白：

> 故天地成于元气，万物乘于天地，神圣乘于道德，以究其理。

"元气"就是这种"精微者"。李存山说："这可能是史籍所见最早的'元气'概念。从上下文意看，'天地成于元气'也就是天地成于'精微者',然而'元气'实乃精微之气,也就是'精气'。"① 李存山将元气解释为精气,与其他黄老书籍具有一致性,均是早期表示基本物质元素的概念。

强昱师解释了《鹖冠子》中从阴阳之气到元气提升的重要理论意义。"阴阳同样是气,却非元气,由于'阴阳者,气之正也'(《度万第八》),阴阳体现了气的最典型的属性,就把阴阳作为一切气的代称。这就从逻辑上说明,天地以阴阳为基本内容。阴阳两者功能属性不同,元气则没有差别性的存在,因此把阴阳的统一和谐归属于元气。它不仅是一切具有规定性的气的本源,而且也是宇宙万物最基本的构成元素。'阴阳不同气,然其为和同也'。(《环流第五》)'不同气'的功能属性的差别不可以相互替代,'和为同'则是本质存在具有同一性,也就是'正'之意。这种矛盾对立统一和谐的关系,能够使'万物乘于天地'成为现实。"② 从阴阳之气到元气,实现了从差异到统一,以及不同基础上的和谐。

但戴卡琳发现,"元气"一词在陆佃的注释中常常出现,而《永乐大典》的收录中没有"气"字。因此,她怀疑"元气"是陆佃的注解误入正文而成。③ 另外,对照《永乐大典》版,今本在后文一处失落了200字左右。她认为《永乐大典》本明显地优于今本,由此"元"比"元气"更可信。

从字句的对仗来看,"天地成于元气,万物乘于天地",元气仿佛比较合理。再来看本篇其他地方讨论的气,一处是:

> 制者,所以卫精擢神致气也。幽则不泄,简则不烦,不烦则精明达,故能役贤能、使神明,百化随而变,终始从而豫。

---

① 李存山:《中国气论探源与发微》,中国社会科学出版社1990年版,第204页。

② 强昱:《知止与照旷》,宗教文化出版社2004年版,第568页。

③ 戴卡琳:《解读〈鹖冠子〉——从论辩学的角度》,杨民译,辽宁教育出版社2000年版,第90页。

制者，是领悟了道的神圣之人。卫精，守道，擢神，用神妙之力；致气，化育万物。圣人领悟了道，就可以隐微而不发散，简约而不繁乱，从而任贤使能，借助神明，化成天下。此处的气是万物变化的载体，是圣人把握事物及其发展变化的方式。另一处在篇末：

> 圣王者不失本末，故神明终始焉。卒令八风三光之变，经气不常之故，孰不诏请都理焉。故神灵威明上变光，疾徐缓急中动气，煞伤毁祸下在地。故天地阴阳之受命，取象于神明之效，既已见矣。天者，气之所总出也；地者，理之必然也。故圣人者，出之于天，收之于地，在天地若阴阳者，杜燥湿以法义，与时迁焉。

天地阴阳都是依据道来行事的，但在具体境况下的表现不一样。"神灵威明上变光，疾徐缓急中动气，煞伤毁祸下在地"，如果本失于末，日月星的光都发生变化，阴阳之气失去平衡，地上出现灾难毁坏。"天者，气之所总出也"，意思是指万物气的变化都遵照天地之理来进行，延续了《度万第八》中对于天地的和谐一致思想的认识。但由于天地也是成于精微者，即说明了万物的气本性。

总结万物的生灭变化过程，《泰录第十一》得出了"天地成于元气，万物乘于天地"的重要结论。因为元气非可见的形上者，人类通过对经验现象的不断反省，最终才能理解阴阳统一的整体元气，是一切具体事物的基本元素。否则就会产生《泰鸿第十》指出的"浑沌不分，大象不成"的严重逻辑悖论。无论是字句的对仗，还是结合《环流第五》中"有一而有气"的理论发展，都表明《鹖冠子》中已经出现了气作为构成物质基本元素的观念，此处元气的说法并无悖于文义。

三 有一而有气

丁原明在《黄老学论纲》中指出:"'气'概念在西周末已经出现,当时有'天地之气''天有六气'的说法。而到战国,人们则把气视作构成天地万物的原始质料,有所谓水火之气的说法(《荀子·王制》)。但是,从西周末到战国的'气',基本上属于经验观察的产物,带有感性直观的特点,从内涵到外延都难以称谓一个独立的哲学范畴。而在战国时期,真正对气做出哲学提升的则是黄老学。具体来说,就是稷下黄老学道家率先将道与气做了沟通,将道诠释为'精气'。嗣后,《文子》《淮南子》等在接续稷下'精气'说的基础上,则用阴阳、气化解释天地万物和人的生成,从而进一步推动了道、气的整合。"[①] 《鹖冠子》作为黄老学的代表著作,其前后期篇章的思想发展轨迹也体现出了"气"的哲学提升。

《度万第八》中的"天地—水火—阴阳之气"的生成论表明,气由天地水火的交互作用产生。发展到《环流第五》中则"有一而有气",指出具有规定性的东西首先为气,成为物质的最本初显现。《泰录第十一》虽然可能探讨了天地的起始是比阴阳之气更为根本的元气,但在全文中气的贯通特性并没有系统说明。至《环流第五》中才明确说明"有一而有气",而且"莫不发于气","动静无非气",从气的角度对事物的本原与运动本质进行了较为全面的说明。开篇说明:

有一而有气,有气而有意,有意而有图,有图而有名,有名而有形,有形而有事,有事而有约。约决而时生,时立而物生。故气相加而为时,约相加而为期,期相加而为功,功相加

而为得失，得失相加而为吉凶，万物相加而为胜败。莫不发于气，通于道，约于事，正于时，离于名，成于法者也。

此处的"一"是指以北斗星为代表的宇宙统一性。北斗星的指向是宇宙运行的枢纽，带动着万物随之而动。气可以表现出北斗星的意图，形成宇宙之名形。宇宙运行遵循北斗的事约，立四时，生万物。所以气的运行导致四时分明，事物发展变化中产生吉凶成败。宇宙万物莫不是气的运行，具体事物在时空中以道的形式表现出来。而"故物无非类者，动静无非气者"。事物都是类的归属，动静都是气的运行，进一步从事物的存在状态上说明了气本性。

对于这段话，戴卡琳、孙福喜、杨兆贵均做了解释，比较有代表性的是戴卡琳。她认为：有一而有气，气集中于君主，由其"意"形成。气在君主的"图"之下，变得越来越具体。按照这个精神的图像或图表，君主的"意"旨可以得到执行。走向秩序和宰制的下一步就是君主凭权威和宇宙的力量，给现实确定名称，这样一切都获得了"形"。在此基础上君主分派人们所承担的工作任务而获得"形"，而一种体系也就此建立，并以奖惩制度（"约"）来完成它。围绕着宇宙间君主的这个政治性体系，因为发挥了正常的功能，效果明显，所以每一个行动就都能够确定其"时"，整个政治的"现实"就开始具有生命的活力了。[①] 她将意解释为君主之意，但这个君主"归属于作为某种更高或者更抽象的宇宙秩序之源的'一'，而不能归属于人间的君主或者将军。比如能、天、自然，它们就可以起到'一'的作用。'一'和人有相似之处，可以具有'意念'和'图像'，和柏拉图的'形式'也相像。将名称附在能、天、自然之上，现实就会成形，开始实施行动和建立联系，这种行

---

① 戴卡琳：《解读〈鹖冠子〉——从论辩学的角度》，杨民译，辽宁教育出版社 2000 年版，第 193 页。

动和联系将会决定时间，最终创造一个包罗万象的完整世界。事物的本质，或事物的意念和图像，同这些事物的对应名称一起，都会超越人类的控制而独立存在。就这种意义上来说，鹖冠子是提出了一种实在论的语言理论"。① 戴卡琳认为这段话中的意可以是天、自然等宇宙根本意志，其实更确切地说，是北斗星。因为在《环流第五》中"一之法立"的依据就是北斗，一方面指引万物的和谐一致运行，另一方面，是人间君王皇权的象征。

这段话还引起了国外学者解释学方面的唯名论与实在论之争。葛瑞汉认为"这里就可以有一种没有充分发展的'实在论'基本原理，与晚期的墨家和荀子的'唯名论'相提并论"，② 但裴文睿认为《鹖冠子》的作者"在内心有一种关于名称的实在论"。③ 戴卡琳消解了两者的争论，认为《鹖冠子》"在自然领域与人类领域之间并没有一个严格的区别，在抽象的秩序之源和具体的君主之间也没有一个严格的区别，所以，实在论和唯名论之间的对立就失去意义了"。④ 这样的认识比较符合作者原意，具有很大的启发性。

《环流第五》中的"有一而有气""动静无非气"，在生成与运动上说明气具有普遍性，是构成万物的基本元素。黄老学将道与气贯通起来，具有重大的理论意义。而《鹖冠子》提供了气如何跨越以天地、水为主的前期道家生成论，转变为气本论的详细文本线索。

---

① 戴卡琳：《解读〈鹖冠子〉——从论辩学的角度》，杨民译，辽宁教育出版社 2000 年版，第 195 页。

② 戴卡琳：《解读〈鹖冠子〉——从论辩学的角度》，杨民译，辽宁教育出版社 2000 年版，第 195 页。

③ 裴文睿：《〈鹖冠子〉和黄老思想》，《古代中国》（*Early China*）1991 年 16 卷。

④ 戴卡琳：《解读〈鹖冠子〉——从论辩学的角度》，杨民译，辽宁教育出版社 2000 年版，第 198 页。

第四节　天人之际

　　《鹖冠子》中关于"天"的讨论非常丰富。在道、天、一、气的核心概念中，天与其他三者的关系都得到详细论述，如天通过道去除原始神性、天与元气的相互生成、天遵从一的法则运行等。这反映了《鹖冠子》成书时正是天的内涵逐步转型成熟的历史时期。在这个过程中，天摆脱了神性色彩，借"道法"彰显宇宙运行法则性，并逐步以自然理性来确立社会秩序。

一　天不能使人，人不能使天

　　夏、商、周时期，上天具有主宰力量，君权由天帝赋予合理性，人间兴衰也由天命决定，天人在这种蒙昧状态下混沌为一。《尚书·召诰》中载："有夏服（受）天命"，《诗经·商颂》说："帝立子生商"，《尚书·康诰》也说："天乃大命文王"，人间的秩序都是上天的意志的体现。但在春秋战国时期，这种价值信仰受到了挑战。一方面是由于夏商周的朝代更替证明依靠上天的庇护并不可靠，"以德配天"也不能实现长久之治；另一方面人们对自然界知识的经验积累越来越深入，抽象思维能力也越来越强。《道德经》"天法道，道法自然"正是这种认识的高度总结。从天、鬼神等神性意志至"道"的转变，标志着自然理性的思维开始确立。

　　《鹖冠子》中的《近迭第七》《兵政第十四》《能天第十八》篇依据"道""法"，从天人关系的角度，凸显出时代的自然理性认知。《近迭第七》体现了从天到人的转变，以及从人到法的转变。《兵政第十四》强调神明只是道、法的某种表现，居于被支配地位。《能天第十八》进一步确立了道高于天的形上地位，认为生死存亡都由道来决定的，而和天道、鬼神无关，发出了"何可责于天道、鬼神奠与"的感叹。

《近迭第七》篇首直接从讨论天人关系入手，强调应"舍天而先人"。从对主宰之天的顺从，转变为人对于法则的认知和把握。庞子进一步发问"何以舍天而先人乎"？鹖冠子回答说：

> 天高而难知，有福不可请，有祸不可避，法天则戾。地广大深厚，多利而鲜威，法地则辱。时举错代，更无一，法时则贰。三者不可以立化树俗，故圣人弗法。

其实这种天道高远，不能决定祸福的观点早有渊源。据《左传》记载：昭公十七年至昭公十八年，郑国星占家裨灶预言郑将发生大火。人们劝子产按照裨灶的话，用玉器禳祭，以避免火灾。子产则认为"天道远，人道迩，非所及也"，天道深远，而人道近，两者并不相关。这与鹖冠子的认识一致。

无限宇宙是人类精神观照下的世界，客观存在的自然法则固然独立于每一个人的意志而存在，但是如果把自己的命运交给遥不可及的苍天，依赖其四时晦明的变化与地理环境的高下决定人生实践的展开，必然丧失自己的主观能动性。因此，"法天则戾"与"法地则辱"以及"法时则贰"的判断，已经说明人类生活如果盲从于自然的秩序，无法达到"立化树俗"的认识实践目标。对庞子的"阴阳何若"的疑问，鹖冠子提出了"神灵威明与天合，勾萌动作与地俱，阴阳寒暑与时至。三者，圣人存则治，亡则乱，是故先人"的主张。强调主体自我对客观规律的适应，同样不能肆意妄为。必须达到主客体的和谐对应，才能满足生命活动的固有需求。

《兵政第十四》中进一步说明"天不能以早为晚"，白昼和黑夜自然交替，上天并不能改变其属性。天与人的关系是：

> 天不能使人，人不能使天。因物之然，而穷达存焉，之二
> 也，在权在执。在权，故生财有过富；在执，故用兵有过胜。
> 财之生也，力之于地，顺之于天；兵之胜也，顺之于道，合之
> 于人。

天不能指使人，人也不能支配天。万物本性导致有穷困与通达的处境，关键在于权、执的运用。权衡变化，就能产生财富；顺势而为，就可获取战争胜利。财富的产生，是由于勤于耕种，顺应天时；战争的胜利，是因为顺应规律，合于人情而积极作为。

在道的前提下，天人各具自性而相分。天不能改变人的本性，人也不能改变自然规律。但是这些客观因素都可以归纳为"物之然"，在因循的基础上通过权、执来达到理想的结果。这段话在"先人"的原则下，进一步明晰了主客体的相辅相成是成功的前提。生财与用兵作为时代面临的最为艰巨的任务，成为了作者重点讨论的对象。

除了天人之间的关系，神明也是在《鹖冠子》中不断出现的词语。神明起初从神灵的层面上来讲，即护佑人间的神秘力量。如《近迭第七》中讲"神灵威明"，《王钺第九》中的"灵不食祀"，均有鬼神的意味。但这种神秘力量是由道、法彰显的，《兵政第十四》说："贤生圣，圣生道，道生法，法生神，神生明。神明者正之末也，末受之本，是故相保。"道和神明是彼此呼应的。贤人中脱颖而出圣人，圣人彰显道法，道法产生神妙的力量。这种神妙明达的效果，是以道为根本的。所以道是成败、存亡的决定者，而不是天道、鬼神。《能天第十八》强调说：

> 故其得道以立者，地能立之，其得道以仆者，地弗能立
> 也；其得道以安者，地能安之，其得道以危者，地弗能安也；

其得道以生者，天能生之，其得道以死者，天弗能生也；其得
道以存者，天能存之，其得道以亡者，天弗能存也。彼安危，
执也；存亡，理也。何可责于天道、鬼神奚与？

道是决定事物本性，生死存亡的根本。根据道而得安定，地就
能使其安定，具备危险之道，地也不能使其安稳；顺应了生存之
道，天就能使其存活，具备了死亡之道，天也不能使其重生。安
危，是执来决定的；存亡，有一定的道理。为什么要责备天道、鬼
神呢？由此可知，万物各有其道，生死存亡由此而定，而不受神灵
意志的主宰。道已经超越了天、鬼神，成为最根本的哲学概念。

这三篇的天道、人道观主要体现在两个方面：一是批驳具有原
始神性色彩的天道，确立自然之道的根本性地位；二是认识到自然
之天与人各具特性，强调主体的优先地位，以及在认知实践中两者
的相辅相成，从而体现出一种理性而积极的进取精神。天去除了神
性色彩后，从祸福主宰的意义上来说，天、人之间不再有直接关联
性，是相分的；而从理性认知实践的角度来说，两者又是各具特性
而密不可分的，是相合的。

二　天人同文，地人同理

在早期篇章《近选第七》《兵政第十四》中，为了彰显人的积
极主体性，将天人区分开来，避免人对外在自然的盲从，主张人对
于外在条件的运用。发展到《王铁第九》《度万第八》时，已经开
始对自然社会有了系统化的认识，认为自然法则与社会法则具有一
致性，此时两者又归于同一。《度万第八》中说：

天人同文，地人同理，贤不肖殊能，故上圣不可乱也，下
愚不可辩也。阴阳者气之正也，天地者形神之正也，圣人者德

之正也，法令者四时之正也。故一义失此，万或乱彼，所失甚少，所败甚众。

天地具有阴阳、刑德、燥湿等属性，彼此的功能作用不能替代。天地固有的功能作用必须在相互作用的条件下生起水火与阴阳等等的事物及其变化，否则万物正常生长的状态就会被扰乱。所谓"地湿而火生焉，天燥而水生焉"是指物极必反，相应地承认了纯粹的阴阳仅是普遍的逻辑抽象，不存在于客观世界。"法猛刑颇"的过分之举，违反了自然法则，导致天地不能生成水火，进而阴阳也不能生成气，生态失衡，变化失序，万物丧失自性，不能各归其类。这就是"一义失此，万或乱彼，所失甚少，所败甚众"的严重后果。这段话从生成的层面说明了天地人与万物是同源的，三者自然具有相同的特性。

天的神性色彩逐步褪去之后，并没有单纯化为类似云气的物质性，而通过日、月、列星的规则运行表现出来。在此基础上的昼夜交替，四时变化成为贯通自然与社会秩序的理论基础，因此《度万第八》专门做出区分，说明天不仅仅是可感触的苍茫之气。文中说：

> 所谓天者，非是苍苍之气之谓天也；所谓地者，非是肵肵之土之谓地也。所谓天者，言其然物而无胜者也；所谓地者，言其均物而不可乱者也。

天不是飘在上空的云气，地也不是脚下的泥土。天是万物的法则，地是万物的规范。这种认识在其他篇章中也多有体现，《夜行第三》中说"天文也，地理也"，《道端第六》中说："天者，万物所以得立也，地者，万物所以得安也。"均是将天地看作宇宙秩序的来源与显现。葛瑞汉认为，在汉前的各种著作中，唯有《鹖冠子》一书清清楚楚地把"天""地"与天空、土地区分开来。① 因此，天地从万物生成与运行规律两个层面成为道之大，即宇宙的实体代表，而不仅仅是物质意义上的存在。

《王钹第九》成书于先秦，从日月列星的运行规律出发，来说明天人秩序的同构性，理想国"成鸠之制"的构建原则也是"人情物理，啬万物，与天地总，与神明体正"之道。《度万第八》成书于秦晚期，加入了生成论的因素，来说明天人的同源性，并出现祥瑞与灾异的表现。天人相分展现了主体积极理性认识对象的态度，天人合一则使自然社会同构同源，并相互感应。

天人合一的理解，关注人类作为自然物种与社会群体的一致性，促使社会采取万物和谐的方式生存发展，具有很大的合理性。但这种思维方式在认识的逻辑上，也存有漏洞。从《度万第八》的粗浅生成论可以看出，人们混淆了总规律与具体规律的认识。即：A 作为总规律，包含 a、b、c 等分规律，人的不当行为 -a 首先直接对分规律 a 产生影响，进而影响到总规律 A，对 b、c 等产生波动性影响。但《度万第八》中的生成论认为人的不当行为 -a 直接影响 A 产生了 -A 的结果，进而导致 -a、-b、-c 的变化。即法律的过于严苛直接影响到万物生成前的阶段，对所有事物均产生影响。这样就会造成 -b、-c 等结果也归结到 -a 之中，产生了牵强的附会，导致了祥瑞说与灾异说的泛滥。

这种认识上的逻辑错误通过粗浅的生成论表现出来，《度万第八》中，"法猛刑颇"这种不当的人类活动直接导致天不生水，而这是生成所有万物的前提条件，即 -a 直接导致了 -A。当然这种夸大性的严重后果可以促使统治者采取合理的治理方式，但这种思

① 葛瑞汉：《〈鹖冠子〉：一部被忽略的汉前哲学著作》，载葛兆光主编《清华汉学研究》第一辑，清华大学出版社 1994 年版，第 120 页。

维方式却导致自然社会现象理解的混乱。气论成熟之后，并没有克服这种认识缺陷，反而从气的角度进一步论证了其合理性。这样，天人合一思维的积极合理因素就与灾异附会学说杂乱在一起，影响着传统古人的思维与生活。

《鹖冠子》中的天道、人道在前辈学者的研究中受到很大关注。孙福喜的《〈鹖冠子〉研究》一书第七章专门对天学进行了研究，将"诚、信、明、因、一"作为天的特征，认为"以人道循天道，以天道推衍人事"是全书的理论构建基础。[①] 戴卡琳的《解读〈鹖冠子〉——从论辩学的角度》认为作者"确信自己对天和明一类关键词的理解，在描述政治情况上是一种最有效的工具"，表明自然与政治的相关性。[②] 杨兆贵在《〈鹖冠子〉研究》的博士论文中，认为鹖冠子的天道观存在悖论：[③]

> 　　鹖氏特别重视天道，认为圣王无论是施政还是用兵，都要效法天道，才能长治久安。他的天道观有矛盾，可能其思想不断发展，对事物前后看法不一；也许他受到荀子天人相分说和道家重天道说的影响，没有好好消融；或者他特别强调圣王首重人道，人道以兵为先；也许他受到《黄十六经顺道》影响，该篇认为大庭氏不揩意天地四时日月，而"安徐正静""卑约主柔"，执一不争，不先不后，结果战胜于外，福生于内。（《黄帝》，第 317 页）。这种不重视天地之道的看法，为鹖氏所接受，进而强调圣人只重视兵道而忽视三才之道。然而，《兵政》也阐述用兵，必须重视三才。且孙子、孙膑等兵家都强调三才与用兵的密切关系。因此，他的天道观有悖论。

---

① 孙福喜：《〈鹖冠子〉研究》，陕西人民出版社 2002 年版，第 278 页。
② 戴卡琳：《解读〈鹖冠子〉——从论辩学的角度》，辽宁教育出版社 2000 年版，第 158 页。
③ 杨兆贵：《〈鹖冠子〉研究》，博士学位论文，北京师范大学历史学院，2003 年。

　　杨兆贵认为《近迭第七》重视人道、兵道而忽视三才之道，而《兵政第十四》则重视三才之道，存在悖论。他总结原因在于鹖冠子本人的思想不断发展，看法前后不一致；或者受到他人学说的影响，没有好好消融。但经过仔细分析便会发现，《鹖冠子》一书的思想确实是不断发展的，但并不是悖论。"天"正是在道法、圣贤的理论背景下，自身的内涵发生了变化，导致了这种表面的矛盾。如《近迭第七》中说："天高而难知"，而《备知第十三》中却说："天高而可知"。粗看之下，论调相反，让人困惑。但仔细深究，这正是《鹖冠子》认识演变的线索，"天高而难知"，根据后文"有福不可请，有祸不可避，法天则戾"，可知此处的"天"是祸福之天，通过揣测天意来预知祸福，不具有可行性。"天高而可知"则是法则之天，后文"地大而可宰"，表明天地虽然高大广阔，但都是可以认识，并根据其规律为人所用的，是理性思维以及主观能动性的表现。从祸福之天的角度来说，应当忽视天而重视人；从法则之天的角度来讲，却是需要重视天道，效法天道。因此，从发展的角度来看待《鹖冠子》的天道观，才能理解其思想的演变，体会文献的主旨内涵。

第五节　同之谓一，异之谓道

　　"道"作为中国哲学尤其是道家哲学的核心命题，理论的阐释、信仰的推崇不绝于世，而"一"的概念和思想没有受到足够重视。在道家思想历程中，曾经出现了"一"比"道"更显赫的学派发展时期，在传世文献《鹖冠子》和出土文献上博简《凡物流形》篇中均有显示。王中江指出："《凡物流形》使用的'一'和它使用的'道'一样，两者皆是指本根和根源性概念，但在它那里，

'一'则更显赫。"① "一"比"道"更加显赫，这种理论特征在《鹖冠子》中也有显现，集中表现为"同之谓一，异之谓道"（《环流第五》）的观念。

"道"作为道家的终极观念，为什么显赫程度会被"一"所超越？直接起因是由于战国末期至于秦朝大一统的现实政治需求。从天下之"一"统到秩序之统"一"，需要理论提供支撑。而老子之道"贵贱不分"（《荀子·天论》），关注的是万物自性，主张小国寡民，如果依然以原始之"道"作为最高观念，难以引导现实的政治发展。于是注重政治现实的黄老学派就突出强调"一"，从万物一理、人我一性、君民一体、天下一统的角度出发，宣扬"执一""抱一""专一"，使黄老学逐步发展繁盛，并在汉初成为主流统治思想，甚至延伸出了"泰一"的官方信仰。

在这样的背景下，《鹖冠子》也做出了自身的思考和回应，积极寻找贯通于客观自然、人类社会以及主体自我的内在统一性，并吸纳和反思了不同的形上理论，最终形成了"天文、地理、人和"的道法基础，"成鸠得一，故莫不仰制焉"（《王鈇第九》）的长久统一建制。在这个过程中，由于鹖冠子是楚人，受到楚国的北斗星崇拜影响，学派曾尝试引入北斗来说明"一"的形上依据，以《天则第四》《环流第五》篇为代表。

北斗崇拜源远流长，早在新石器时代就已产生。在楚国屈原《楚辞》中的《九歌》中，"东皇泰一"可能就是代表北斗的星神。《庄子·大宗师》中也说："维斗得之，终古不忒。"孙福喜考察了曾侯乙墓中出土的漆箱盖面图像（一端画苍龙，一端画白虎，中部画一个象征北斗的大斗字，围绕北斗书写二十八宿名称），认为其

---

① 王中江：《根源、制度和秩序——从老子到黄老》，中国人民大学出版社 2018 年版，第116 页。

与《环流第五》中的观点相辅相成。① 曾侯乙墓图有北斗二象，《环流第五》提到北斗却没有四象，但在《天权第十七》中则有北斗四象，"招摇在上，缮者作下。取法于天，四时求象，春用苍龙，夏用赤鸟，秋用白虎，冬用玄武"。这里的北斗四象主要是一种军事阵法，但文中也提及"知一而不知道，故未能里也"，有着和"同之谓一，异之谓道"类似的"一""道"关系理解。

《环流第五》提供了关于道法两个层次的依据，一方面，从万物的起源来说明"发于气"；另一方面，根据天象北斗星的运转来论证：

> 斗柄东指，天下皆春，斗柄南指，天下皆夏，斗柄西指，天下皆秋，斗柄北指，天下皆冬。斗柄运于上，事立于下，斗柄指一方，四塞俱成。此道之用法也。故日月不足以言明，四时不足以言功。一为之法，以成其业，故莫不道。一之法立，而万物皆来属。

北斗星指引天下季节变换，这是道之用法，同时也是"无己"的：

> 故所谓道者，无己者也，所谓德者，能得人者也。道德之法，万物取业。无形有分，名曰大孰。故东西南北之道蹹然，其为分等也。阴阳不同气，然其为和同也；酸咸甘苦之味相反，然其为善均也；五色不同采，然其为好齐也；五声不同均，然其可喜一也。故物无非类者，动静无非气者，是故有人将，得一人气吉，有家将，得一家气吉，有国将，得一国气

---

① 孙福喜：《〈鹖冠子〉研究》，陕西人民出版社 2002 年版，第 297 页。

吉。其将凶者反此。故同之谓一，异之谓道。相胜之谓执，吉凶之谓成败。

"同之谓一，异之谓道"此处的主要区分在于人的主体行为，如果与道相符，那么就达到了"一"，如果相异，主客二分，那就谈不上"一"了，仅余下"无己"之道。由此可见，道是客观规律的范畴，而"一"则表明主客观的相符，范围更广，凸显了主体能动性，尤其是对客观规律的把握，决定了吉凶成败。这也是"一"比"道"更加显赫的根本原因。

《管子·形势第二》中有类似的一段话，理解却完全不同：

> 道之所言者一也，而用之者异。有闻道而好为家者，一家之人也；有闻道而好为乡者，一乡之人也；有闻道而好为国者，一国之人也；有闻道而好为天下者，天下之人也；有闻道而好定万物者，天下之配也。

同样是探讨"道""一""异"这些概念，但角度却完全不同。首先，这里没有出现超出"道"范畴的"一"；其次，这里用言、用关系来表述道，现实中找不到"道"这个东西的具体存在，道只是基于人类抽象认知，在语言中表述规律的整体之"一"，而现实中存在的实践应用都是具体而各不相同的。《鹖冠子》从主、客观相符来讨论"一"与"道"，而《管子》是从言、用关系来表述"道"。《环流第五》后文还有进一步的阐发：

> 贤者万举而一失，不肖者万举而一得，其冀善一也，然则其所以为者不可一也。知一之不可一也，故贵道。空之谓一，无不备之谓道。

　　贤明的人做万件事只失误一件，不肖的人做万件事只有一件成功，他们都想做点有益人世的事情，但行为依据却不同。知道"一"并不能仅仅依据主观想法即可，还要重视客观规律之"道"。虚空自身与道相符才能达到"一"，而道遍及宇宙规律，因此是完备的。

　　《鹖冠子》中显示出的"一""道"关系丰富了以往的道家认知。道家多将"一"认为是"道"的别称，或者"一"为"道"之子。但"一"如何一步步提升自身地位，变得比"道"更加重要，以至于成为黄老道或者汉代道家的至上观念"泰一"（《庄子·天下篇》中讲关尹、老聃"主之以泰一"，郭店楚简的《太一生水》篇以"太一"为本的生成论），追溯其理论动态及其成因是非常有意义的。传统认知多存在以下两个方面：

　　其一，"一"多指道的内在统一性，可以说是道的另一称谓。《吕氏春秋》《黄老帛书》中，"一"作为道的别称，均等同于道。《黄老帛书·道原》篇中说："一者，其号也。"就将"一"作为"道"的别称。《吕氏春秋·大乐》中言："道也者，至精也，不可为形，不可为名，强为之谓之泰一。"泰一作为道的一种称号，是对道没有形状、名称，而又至精至纯特点的描述，代表了宇宙的终极统一性。由此可见，"一"是为了说明道抽象纯粹的性质。

　　其二，"一"解释为道之子。《道德经》第四十二章说："道生一，一生二，二生三，三生万物。万物负阴而抱阳，冲气以为和。""一"是"道"生成万物时阴阳未分的一种状态，由道而出。对于"道"与"一"的关系，《列子》《老子河上公注》《老子指归》中均认为是母与子的关系。《老子河上公注》一书中，在解释第十章"载营魄抱一，能无离乎"时说："一者，道始所生，大和之精气也。故曰一。"认为"一"就是精气，道最初生成的物质，明确了"一"的气性。在解释第五十二章"天下有始，以为天下母。既知其母，复知其子；既知其子，复守其母"时，就用母与子分别指称"道"和"一"，"始，有道也。道为天下万物之母。子，一也。既知道已，当复知一也"。严遵《老子指归》中也言："一者道之子，神明之母。"都是将"道"与"一"的关系，看作母与子的关系。

"一"作为"道"的另一称谓，或者是"道"之子，是道家较为普遍的认识。但《鹖冠子》以主客观的相符来讨论"一""道"关系，凸显了主体能动性，具有积极的理论意义，认为"同之谓一，异之谓道"。这种看法极为少见，以至于学界出现了关于两者关系的不同论断。如杨兆贵认为"一"不是"道"，两者之间存在差异，"一"是本体，"道"最多是与气在同一层次的形上之体。[①]而孙福喜认为"一"就是"道"："'一'是道的初始状态和起点，道处于空虚无形的混沌状态时就可称为'一'。因而'一'既是万物的起始，又是万物的归宿。'一'不但是道通往宇宙万物一切通道的起始点，它自身也在这一通道上；而且它也是宇宙万物与人类社会政治生活秩序的最终归宿。"[②]前辈学者的研究为理解《鹖冠子》中的"一""道"关系提供了多角度的启发，但至少可以肯定的是，在《环流第五》《天则第四》《天权第十七》《能天第十八》篇中的"一"不能等同于"道"，需要从主客关系的角度来理解"一"的范畴比"道"为丰富。该观点有助于理解在黄老学的发展过程中"一"为何上升到比"道"更为显赫的地位，甚至出现了"泰一"的至上神观念。

---

① 杨兆贵：《〈鹖冠子〉研究》，博士学位论文，北京师范大学历史学院，2003 年。
② 孙福喜：《〈鹖冠子〉研究》，陕西人民出版社 2002 年版，第 265 页。

第 四 章

以"素皇"为代表的内圣外王之道

春秋时期的典籍多言"圣人",而少见"圣王",如《诗经》《尚书》《论语》《老子》中的圣人、君王一般都是分而论之,"圣王"合用的现象极少。而战国典籍则"圣王"频出,在《墨子》《孟子》《荀子》《庄子》《礼记》《管子》《黄老帛书》《韩非子》《吕氏春秋》《鹖冠子》中均有相关表述,德位一致成为时代诉求。上古帝王尧、舜、禹通过禅让而使贤能莅临大位,使"圣王"有了理论依据,战国典籍纷纷托古言今以明道。无论是《墨子·明鬼》中的"圣王既没",《孟子·滕文公》中的"圣王不作",还是《庄子·天下》中的"暗而不明,郁而不发",都表明他们在乱世渴求一个明主的出现,重建当代秩序。但他们重建的路径有异,塑造的圣王形象也各不相同。

《鹖冠子》也将人间大同的理想寄希望于圣王,并认为"上贤为天子",最贤能的人才有资格做最高的统治者,类似于柏拉图的"哲学王"(《泰录第十一》)。立足于学派发展的不同历史阶段,《鹖冠子》中的"圣王"形象也表现出相应的差异性。在以天地为法则依据时,圣人依靠天地、人情、物理来治理社会;以北斗、气论为法则依据时,圣王通过气来把握事情的吉凶成败,出现了精、神的养炼,神妙的功用直通天地鬼神。从天地到北斗气论的形上学说转变,直接影响了圣王观:从内圣来说,在心之主宰的基础上增加了精、神的养炼，从外王来说，道从天地的具体层面深入气的运行，圣贤、民的根本地位得到进一步强调，而贯穿其中的是自然社会秩序的一致性。

第一节　道德前提下的圣王准则

道德是贯穿圣王人格的核心内涵。虽然在鹖冠子学派中出现了天地、北斗不同的道法原则，但道德的总前提从未改变。因此，道德前提下的圣王观是一种共识，而不同的道法原则使圣王观呈现出不同的特征。这种共识主要包括以下三个方面：第一，圣俗同情，圣人通过学习修养成就自身；第二，圣王作为道德的先觉者，彰显道法；第三，道法贯通自然与社会，因此圣王应遵循两者间的整体一致性。

一　学、知、观

如何通过自身的学习以及精神修养成为圣人，体悟明达的境界并具有神妙的效用，从而建立安邦利民的功绩，是《鹖冠子》理想人格探讨的重要内容。《道德经》中讲圣人主要通过观、损的方法来认识道，表明了老子对自然规律的重视和社会的反思。"损"是一种反向的思维，第四十八章中说"为学日益，为道日损"，将学与道对比，主张具体知识与本质之道的不同学习路径。而发展到《鹖冠子》，道的基本原则已经确立，那么在此前提下的具体知识学习就十分必要。通过学习道的具体内容"九道"，远离"滑正之智"，摒弃欲望前提下的"小知"，达成适应现实世界的"备知"。而"观"，既是圣王从小处领悟大道的一种直觉方式，也是在道之"一"的前提下看待纷扰万物的一种理性目光。学、知、观作为圣王习道、明道、悟道的主要方式，在书中得到比较详细的说明。

（一）学

《学问第十五》篇专门讨论圣人学问，将"道"的内容具体化为"九道"：道德、阴阳、法令、天官、神征、伎艺、人情、械器、处兵。"九道"涉及天理、人情、家国的各方面，对于如何学而成圣，指出了明确的方向。圣人应当以道德为操行的依据，领悟阴阳、法令之根本，以天官、神征推及人事，灵活运用伎艺、人情、械器、处兵这些富国强兵的具体策略。阴阳运行表现出来的节气与时令的变迁方面，历法就是对此的系统化认识的结果。而法令不仅指客观的自然秩序，同时指人类社会的价值规范以及制度。余下具体的技能是更加系统的落实，知晓天文地理，实现富国强兵。"九道"在一定程度上反映了太史公司马谈《论六家要旨》中所说的道德家："其为术也，因阴阳之大顺，采儒墨之善，撮名法之要"，表明《鹖冠子》吸纳百家优胜之处，使圣人的学习内容更加完备。

（二）知

九道是从正面说明圣人学习的内容，而"滑正之智"则是从反面的角度来警醒君主。《近迭第七》中说明了自因、自备，偏离道法可能带来的祸事，即"滑正之智"：

> 今无数而自因，无法而自备，循无上圣之检而断于己明，人事虽备，将尚何以复百己之身乎。主知不明，以贵为道，以意为法。牵时诳世，逜下蔽上，使事两乖，养非长失，以静为扰，以安为危，百姓家困，人怨祸孰大焉。若此者，北走之日，后知命亡。

法度不以个人意愿为准则，圣人遵循法度而行尚且无法穷尽无限世界的奥秘，更何况是与圣人甚远的凡人。现在的人君存在着"以贵为道，以意为法"等错误，公正合理的社会秩序成为徒劳的幻想。作为一位君主，如果不能遵道循法，肆意妄为，背离时势，欺骗世人，那么这个国家就要走向灭亡了。面临"祸孰大焉"的严峻危机，只有正视"法度"的有道者，才能化危机为转机，走向更加昌盛的发展道路。

《世兵第十二》中也说："圣人捐物，从理与舍。众人域域，迫于嗜欲。小知立趋，好恶自惧。"圣人与众人的区别在于，圣人心怀天下万物，根据人情物理行事，而众人只关注自身，满足无休止的欲望，从而形成知的大、小之分。"域域"，形容浅狭无知。陆佃注解说："域域，浅狭之貌。"众人被欲望所驱使，表现出来的是"小知"，小聪明。圣人具有怜惜天下百姓的情怀，希望寒冷的人有衣服穿，饥饿的人有饭吃，冤情得到伸张，疲劳的人可以休息。圣人知晓天理人情，把握时、命，不仅能把国家治理得很好，而且通彻鬼神祭祀，这样的人才有资格做君王。

但《鹖冠子》中没有说明实现与保障"圣王"地位的途径，让民众推选圣贤是根本不可能的，禅让制也阻碍重重。因此，圣贤从现实的角度来讲，多为帝王师，"圣人者，君之师傅也"（《道端第六》）。《鹖冠子》全书多篇提到对于圣贤的重视，以及在乱世中圣贤如何保全自身。《博选第一》中说如果能够以师友的态度对待圣贤，那么比自己强百倍的人就会前来辅佐，共创帝王大业。但圣人在乱世之中难免有各种危机，甚至丧生的凄惨状况。《著希第二》中说：

> 故贤者之于乱世也，绝豫而无由通，异类而无以告，苦乎哉。贤人之潜乱世也，上有随君，下无直辞，君有骄行，民多讳言。故人乖其诚，能士隐其实情，心虽不说，弗敢不誉。事业虽弗善，不敢不力，趋舍虽不合，不敢弗从。故观贤人之于乱世也，其慎勿以为定情也。

　　贤人在乱世之中，自己的主张不能实现，也没有志同道合的人倾诉，所以心中苦闷。在乱世中隐忍地生活，君主骄纵，民众也不敢多言。人人隐蔽诚心，有能力的人也隐瞒实情，虽然违背本心，但也不敢不说一些恭维的话。做的事情虽然不善，但也不敢不尽力去做，志向不和，但也不敢不遵从。所以在乱世之中贤人的行为，并非出于本心，不能作为评判圣人意愿的标准。

　　圣贤之人生在乱世，多因坚持正义而遭到君主的迫害。"过生于上，罪死于下"这句话在《天则第四》《近迭第七》《度万第八》篇中均有提到，表明圣贤在乱世中受到迫害，甚至有可能死于非命。《备知第十三》中也说：

　　　　今世非无舜之行也，不知尧之故也，非无汤武之事也，不知伊尹太公之故也。费仲恶来得辛纣之利而不知武王之伐之也，比干子胥好忠谏而不知其主之煞之也。费仲恶来者，可谓知心矣，而不知事。比干子胥者，可谓知事矣，而不知心。圣人者必两备而后能究一世。

　　《备知第十三》警醒圣人要知事、知心。既要明白君王之心，又要明白仁义之事，才能在乱世中成就功业。费仲、恶来这些人，可以说是知道君王之心，而不知道仁义之事，所以被称为奸佞之臣。比干、子胥这些臣子，知道去行仁义之事，而不知道君王之心，所以遭受杀身之祸。"圣人者必两备而后能究一世"，圣人必须兼备两者才能通达于世。因此，圣人要想从根本上改变命运，就要改变以血缘继承为主的君主专制。不能做到这一点，就要"备知"：既要知道君王心，又要知道仁义之事。

　　（三）观

　　对道的认知，可分为知识与智慧两个层面。知识是具体的系统规律，如天文地理、技艺机械等，可以通过传授之"学"来掌握其纲领。智慧则需要对宇宙整体与人类本性有深刻的领悟，不能依靠单一的知识体系来获得。具体的知识可以通向智慧，也可以蒙蔽智慧。因此"观"作为领悟宇宙人生本质的重要方法，具有反思具体知识，透过各种现象直观本质，进而认知本体的功用。《鹖冠子》不仅论及圣人学习的内容，而且继承了《道德经》对道本体的直观领悟，全书多处论及"观"。《道德经》首章说"常无欲，以观其妙；常有欲，以观其徼"，就是通过保持自身不同的心理状态来直观领悟道的特色。《度万第八》中说："故善度变者观本，本足则尽，不足则德必薄、兵必老，其孰能以褊材为褒德博义者哉？"《泰录第十一》中也说："入论泰鸿之内，出观神明之外，定制泰一之衷，以为物稽。"阴阳是不能被直接观察到的，但世界万物都具有阴阳的特性。气本身的变化是眼睛不能直接观察到的，但万物生死都是气的变化。哲学意义上的"观"，其对象一般是看不到的东西，具有抽象的本体意义。《能天第十八》篇将"观"与"一"联系起来讲：

> 故圣人者，后天地而生，而知天地之始；先天地而亡，而知天地之终；力不若天地，而知天地之任；气不若阴阳，而能为之经。……故圣人者，取之于执，而弗索于察。执者，其专而在己者也。察者，其散而之物者也。物乎物，芬芬份份，孰不从一出？至一易，故定审于人，观变于物。

在天地形成之后才出生的圣人之所以能够知道天地的开始，在天地毁灭之前就死亡却可以知道天地的终结，没有天地的力量强大而明白天地的覆载功能，自身之气也不及阴阳然而能洞察其规律秩序，就是因为圣人凭借"执"来行事，而不从"察"中寻求依据。

专一于自身为执，察则散落于万物了。纷纭复杂的万物如果不是从"一"而生，那么世界的规律秩序就无从体现。"至一"之为"易"，正是因为主体自我把握了这一内在的决定因素，因此能够通过对人类生命的专注，观察天下万物的变化，作出积极的回应。在对"物之然"的理解之上，能够将纷乱万物有条理地容纳于胸，也是"顺之于道，合之于人"的进一步发展。由此可见，在"一"前提下的观，是对道之变化的动态领悟。面对纷纷扰扰的万物，不再是无序盲目的状态，而是用一种理性的目光来看待，在这种映照间万物了然于胸，而能为天地万物立法立心。

《鹖冠子》肯定了学而成圣人的观点，对于圣人学习的内容上至于天文地理，下至于人情处兵，均有详细的规定。反对从自身意愿出发的"滑正之智"和为了满足欲望而使用的小聪明，而主张心怀天下万物的理性明觉。在诸侯纷争的乱世，圣人不仅要通晓正道，而且要懂得保护自身，因此需要"备知"，在君王之心与正义之事之间寻找一种平衡，才能有效实现治国为民的大业。在学道的同时，既可通过直观领悟道之本体，以小见大；也可在明"一"的基础上观万物之变化，以不变应万变。

二　圣生道

老子作为一位领悟了道的先觉者，写下了五千言的哲理书《道德经》，流芳千古。宇宙的客观规律一直存在，但需要智者彰显于世人。圣人作为道法的先觉者，通晓天文地理，制定社会法则，从这个意义上说，他是一名"生法者"。《黄老帛书·道法》中说："执道者，生法而弗敢犯也，法立而弗敢废也。"执道者生法，表明法以道为基础，从圣人而出。这种圣人悟道生法的思想，在《鹖冠子》中也有系统的说明，《兵政第十四》中说"贤生圣，圣生道，道生法，法生神，神生明"，强调了圣人在彰显道法过程中的重要作用。

早期先秦篇章《近迭第七》中，天、地、阴阳三者作为自然的客观法则，代表了古人的早期自然理性认知。当人们没有认识到自然规律的时候，不仅难以利用，而且会盲目依存以求祸福。因此只有知晓三者规律的圣人，才能将人类自身需求与自然法则结合起来，达到社会发展的目标。

> 神灵威明与天合，勾萌动作与地俱，阴阳寒暑与时至。三者圣人存则治，亡则乱，是故先人。

天、地、阴阳分别代表变幻的天象，四时晦明的变化。它们作为客观存在的自然法则，独立于每一个人的意志而存在。但人类生活如果盲从于自然的秩序，仅仅依赖外在环境决定人生实践的展开，而不利用自身的主观能动性加以利用改造，则无法达到"立化树俗"的认识实践目标。而圣人代表着认识自然法则的先觉者，能够将客观规律与人类的目的意图结合，推动社会发展。因此可以说，没有圣人，自然法则就不能被合理利用，只能是一种盲从，强调了圣人对自然规律的认知与把握。

成书于秦末的《度万第八》篇也说"天地阴阳，取稽于身"，认为天地、阴阳以及此基础上的生成规律是由圣人来把握的，进而能够制定合理的社会法则，达到成全万物的理想状态。《黄老帛书·五正》中黄帝想实施五正，问从何处开始，阉冉答曰："始在于身，中有正度，后及外人。"《文子》中也说："身得则万物备矣。"此处的"身"主要是指圣人、帝王之身。《环流第五》篇以北斗气论为形上依据，也强调圣人对于所有法则的生成作用：

> 从此化彼者，法也。生法者，我也。成法者，彼也。生法

者，日在而不厌者也。生成在己，谓之圣人。惟圣人究道之
情，唯道之法，公政以明。

　　道的运行规律或者法则，可以被人们认知利用。决定法则的是
道，而认识理解的是人。能够认识、制定法则的人，就是圣人。只
有圣人能够认识万物本质，知晓道的规律，遵循道的法则，彰显于
世人一种公正的政治。在《鹖冠子》中，圣人的尊崇地位是由道赋
予的，具有根本的合理性，因此可以超越血缘等关系，成为王权的
拥有者。因圣而王，是圣王的基本特征。

　　圣、道之间的关系，除了圣生道、生法等表述外，在《能天第
十八》中，还有进一步的讨论："道者，开物者也，非齐物者也。
故圣，道也，道非圣也。道者，通物者也。圣者，序物者也。是以
有先王之道，而无道之先王。"道表述事物自身的性质与普遍规律，
是物质的最终抽象，可以说是"通物者"。而圣人是自然规律与社
会法则的制定者，所以是"序物者"。有了圣人，道法可以得到彰
显和贯彻，是先王之道；而道离开圣人的引导以及人的实践，尤其
是在社会生活层面，那么仅作为正道的理想存在，而不能成为
现实。

　　荆雨认为《兵政第十四》篇中"贤生圣，圣生道，道生法，
法生神，神生明"是对帛书"道生法"的发展，但已经失去其真
正意旨。①《鹖冠子》与《黄老帛书》是否意旨不同呢？关键是对
于"圣生道"的理解。圣生道，并不是说圣人的地位高于道，或者
优先于道。因为圣人遵循道来行事，自身也不能违背法则。《鹖冠
子》只是突出了圣人作为道的先觉者，在认识利用自然规律，制定
公正的社会法则方面所具有的重要作用。而且，圣人并不是天生

的，也是需要通过对道的直观领悟，学习道的具体内容，才能称为圣人。因此，可以说《鹖冠子》在发展"道生法"命题的过程中彰显了主体能动性，更加强调圣人对于道的先知先觉，并在此基础上制定法则，而无悖于《黄老帛书》的意旨。

《鹖冠子》中的"圣生道"命题反映了黄老学积极能动的时代精神。鹖冠子提出的"先人"的认识原则与实践态度，如果离开了前期老庄学的思想资源与《管子》以及《黄老帛书》等的背景将无法理解。由于认为圣人存在与否是治乱的根本，对圣贤的重视贯穿在《鹖冠子》全篇之中。具体言之，在《博选第一》中谈如何选贤与能，在此基础上实现天下大治。而《泰录第十一》中提出了"故师为君而学为臣，上贤为天子，次贤为三公。高为诸侯，易姓而王。不以祖籍为君者，欲同一善之安也"的精深论断，以贤能定尊卑的主张旗帜鲜明地否定了血统论。这种观念在《能天第十八》更加发展为"道者，开物者也，非齐物者也。故圣，道也，道非圣也。道者，通物者也，圣者，序物者也。是以有先王之道，而无道之先王"的思想。以"序万物"者为圣的认识，无疑使初期的"舍天而先人"的内涵，合理地奠基在对"物之然"的理解之上。这种对应与默契就是"一"，即"顺之于道，合之于人"。唯此可以确立《能天第十八》的"至一易，定审于人，观变于物"的思想发展线索，依然遵循着老庄道家的精神传统，又极其强烈地突出了主体自我的能动作用。《鹖冠子》十分重视人的积极主动性，代表了黄老学的思想特色。

三 不创不作，与天地合德

《鹖冠子》中的人物形象非常多样化，按照性情来分，有"弗径情而行"的君子，有"迫于嗜欲"的众人；按照才能来分，有善于不争的仁人，有释怨解难的辩士，有劝谏君主过失的忠臣，有救弱诛暴的义士；按照贤能程度来分，有隽、豪、英；按照地位高低来分，有天子、王、公侯。"圣王"作为最理想的人物形象，既有贤能之才，又处王侯之位，有点类似于柏拉图的"哲学王"。《天则第四》中说："不创不作，与天地合德，节玺相信，如月应日。此圣人之所以宜世也。"进一步明确了无为的内涵。无为并非消极不为，而是与天地自然规律一致的作为。

《道德经》第二十五章中"人法地，地法天，天法道，道法自然"的原则，已经暗含了人、自然规律、社会法则之间的一致性。《鹖冠子》也主张圣王在仰观天文，俯察地理，中悉人事的前提下，洞察自然规律与社会秩序之间的一致性。圣王认识到自然与社会同为宇宙的构成部分，法则具有一致性。《王鈇第九》篇中太阳代表生成之德，赋予万物生机；而月亮代表刑杀，规范万物生息；列星运行代表了社会组织的章法，每个人仿佛一颗星辰，在各自的轨道上有序运行。对宇宙的洞察，排除了个人的主观臆断，意味着以此为依据建构起来的理想社会也必将亘古长存。日月列星之天的法则统一说、北斗中心说均是为了说明人间大一统政权以及君主中心体制的合理性。《度万第八》篇中的"天地—水火—阴阳之气"的粗浅生成论，是为了保障贤不肖的尊卑秩序，同时防止过于严苛的法制。万物的生成与人类活动之间存在着相互作用，当不肖之人居于圣贤之上，或者法制压迫民众太甚，都会导致天地不能生出水火，进而扰乱了整个自然界的生生秩序。因此要根据天文地理，采取顺天应时的举措才能使社会得到有效治理。

《天则第四》篇中说："圣王，天时、人之、地之，雅无牧能，因无功多。尊君卑臣，非计亲也，任贤使能，非与处也。"圣王要在深入了解天文地理等自然规律、人情的群体性与个体性特征的基础上治理国家，那么所采取的政策法令就会合乎自然人情，达到理想的和乐境界。人既有自然属性，又有社会属性；既有群体特征，又有个体特征。

因此，一方面，从人的群体特性来看，人类生存的共性导致相同的好恶取向。"有人之名，则同人之情耳"，既然都叫作"人"，那就有人之共同的感受与追求。如"所谓人者，恶死乐生者也"（《博选第一》），人都是喜欢活着而不愿意死去的；"见遗不掇，非人情也"（《天则第四》），看到掉在地上的东西而不拾取，不符合人情。事情进程缓慢，人们就容易懈怠，催得急呢，又会陷入困境，看到机会就采取不正常手段，这也是人情。君王、圣人之所以能够统治成千上万，甚至更多的民众，就是根据这种人情。人也具有一样的欲望情感，据此来采取奖赏、惩罚等措施，无论是一个人，还是一国的人，都可以得到有效的治理。

另一方面，从人的个体特征来看，人与人之间是有差异的。有仁人、忠臣、义士、圣人，有善于辩论的人，有善用计谋的人，有娴熟礼节的人。不同的人由不同的生活环境造就，不同的生活环境受自然环境的影响，自然环境跟随节气变化，节气由历数划分，历数源于法度，法度从一而来。《天则第四》中言：

> 人有分于处，处有分于地，地有分于天，天有分于时，时有分于数，数有分于度，度有分于一。

对人情的把握反省，如果脱离了受自然秩序制约的生活环境的考察，就会走向绝对化的错误。而自然环境跟随节气变化，节气由历数划分，历数源于法度，法度从一而来。这种"一"的唯一与同一，就是"无形内政"的"和"的普遍和谐，反映于人类生活就是同和与相容的"仁义"。而"无形"指其德的内在属性，"内政"即是"内正"，强调先验的圆满自足。度数与分以及时等，都构成了法令的组成部分。被《鹖冠子》肯定的"列君臣父子之礼，序夫妇长幼之别",因为是"一"的普遍法则体现在社会生活而成为了不可动摇的人伦秩序。只是人间的秩序、四季的更替、阴阳的调和、刑法、形名与"一"是如何融会贯通的问题尚未进行详细的说明,虽然突出了"彼心为主"的地位,指向了"神明之根"的宇宙万物的究竟底蕴,但是只有到了后期才逐渐得到更明晰的讨论。

这种关注"人情物理"的思想追求,得益于《鹖冠子》对传统的自然人性论问题的深切反省。在《王铁第九》中鹖冠子曰:"虎狼杀人,乌苍从上,螟蛾从下聚之。六者异类,然同时俱至者何也,所欲同也。由是观之,有人之名,则同人之情耳,何故不可乎?"虎狼等动物属于不同的种类,但是觅食则为同样的生理欲求。人类作为万物中的一员,情感欲望的同一性在凡与圣中没有差别。公正严明地抑制欲望的放纵与奖励那些符合道法的行为,则是社会走向大治的关键。法家典籍《韩非子》曾经提出了类似的论述,然而缺乏对人类的自然本能的合理性的肯定,《度万第八》的"无欲之君不可与举"之说,即表明欲望是建功立业的动力。同时主张欲望需要节制,于是《著希第二》有"心虽欲之,而弗敢信,然后义生"的认识。认为每一个人不能随欲而行,需要通过礼义调节。《世兵第十二》又指出:"多欲则不博,不博则多忧,多忧则浊,浊则无知,欲恶者,知之所昏也。"将多欲看作导致认识昏乱的原因,还从好逸恶劳、乐生恶死等角度,揭示自我存在即人性的两面性。这就为老子的"见素抱朴,少私寡欲"的著名论断,赋予了更多贴近现实的因素。

虽然在学派发展的前后期,自然法则从天地为本转向了北斗中心说,但社会秩序的构建应当遵循自然这个准则却从未改变,对自然法则的领悟是圣王行事的前提。天地作为自然的代称,表明圣人只要遵循自然而为,而非从自身意愿出发,那么就是无为。人也有其自然属性,圣王秉承着对自然人性的双面考察,即欲望一方面作为推动社会发展、建功立业的动力，另一方面，过多的欲望则会导致理性蒙蔽。人的自然本性在群体层面具有共同的特质，为突破地理限制、风俗习惯等限制，建立大一统国家提供了理论依据，也使法制的赏罚成为可能。而人人都具有的对理想社会的憧憬以及理性自觉能力才是最终实现和乐社会的决定因素。

第二节　前期天地法则下的圣王观

在《近迭第七》《度万第八》《王铁第九》《兵政第十四》《学问第十五》五篇中，记载了鹖冠子与弟子庞子的对话，可以看作反映鹖冠子本人思想的篇章。五篇对宇宙法则的认识基本上以日、月、列星之天为依据，辅以天地—水火—阴阳之气—万物的生成论，来说明万物法则。圣人心中蕴含这些法则，就能灵活处理各种事宜。

一　九道形心

心作为认知与意志的主宰，自古受到思想家们的关注，并提出了许多重要学说。如《道德经》中就说"圣人无常心，以百姓心为心"，指出圣人应心怀天下百姓；孟子的"四端"心说，为人格的完善与成就奠定了理论根基。《鹖冠子》以"九道"作为心灵充实的内容，说明只有心中被九道充实，才能在指导自身精神与生活实践方面取得理想效果。《学问第十五》中说：

> 九道形心谓之有灵，后能见变而命之，因其所为而定之。若心无形灵辞，虽搏捆不知所之。彼心为主，则内将使外，内无巧验，近则不及，远则不至。

"九道"是认识与实践的有机整体，必须在"形心"的自我领会的状态下，才能成为自己的精神收获，克服盲从僵化或亦步亦趋的照搬，指导人生实践或对面临的具体问题的解决。被九道充实的内心灵验，能够应对不断变化的状况，根据实际情况采取行动，否则就会被外在条件约束而不知道如何去做。九道之心作为主宰，能有效指导个人以及社会发展，否则既不能有效完成眼前事宜，也不能达到长远的良好效果。这种能动自觉既彰显了"因物之然"的原则，又要求诉诸近与远即简单或复杂的客观事物的检验，确定其真理性。

心中除了九道的充盈，还需要了解礼乐仁义忠信的行为规范：

> 庞子曰："礼乐仁义忠信，愿闻其合之于数。"鹖冠子曰："所谓礼者，不犯者也；所谓乐者，无灾者也；所谓仁者，同好者也；所谓义者，同恶者也；所谓忠者，久愈亲者也；所谓信者，无二响者也。圣人以此六者卦世得失逆顺之经。夫离道非数，不可以绪端，不要元法，不可以刽心体。表术里原，虽浅不穷。中虚外博，虽博必虚。"

礼乐仁义忠信，是合于数的。所谓礼，就是不冒犯；所谓乐，就是没有灾患；所谓仁，就是同好；所谓义，就是同恶；所谓忠，就是越久越亲近，所谓信，就是说一不二。圣人以这六方面来作为衡量处事得失的标准。不依据九道和礼乐仁义忠信，就理不出做事的头绪，没有根本的方法，心中就丢失了主宰。处理外在事物的能力都因为心中有主，虽然浅显但用之不穷。心中无主，外在如何广博，都会成为虚幻。

心领悟了九道，并以礼乐仁义忠信为行为规范，就可以产生神妙之用，这就是"心体"之为体的理由。而术作为具体的操作方法与能力，是外在的手段。《度万第八》篇也提到的"心术"："因治者，招贤圣而道心术，敬事生和，名尸后王。"能够尊崇贤圣，而内心外术，可以成就帝王之业。"心术"在《淮南子》中有更为具体的解释：

> 发一端，散无竟，周八极，总一笼，谓之心。见本而知末，观指而睹归，执一而应万，握要而治详，谓之术。

心作为身体的器官，从形体上来说是有限的，可以说是一端。但古人将其作为认识的发源，能统筹宇宙一切事物，无所不极，和宇宙的边际一样广阔深远。心同时又能结合认识与意图，完成生活实践。对自然规律与社会法则有了深切的认识后，拥有以简约统筹繁复，以不变应万变的能力就被称为术。《能天第十八》中也有对"圣心"的描述：

> 原圣心之作，情隐微而后起，散无方而求监焉。轶元眇而后无，杭澄幽而思谨焉。截六际而不绞，观乎孰莫，听乎无罔，极乎无系，论乎窈冥，湛不乱纷，故能绝尘埃而立乎太清。往无与俱，来无与偕，希备寡属，孤而不伴，所以无疵，保然独至。传未有之将然，领无首之即次，度十五而用事，量往来而废兴，因动静而结生，能天地而举措。

这段话从发端、功用、状态、特性几个方面描述了圣心。圣心发端于情，关注万物，但从未丧失自身独立的思考。观察事物的表象，深入本质，所以能从纷乱万物中寻求规律秩序。不哗众取宠，没有瑕疵。能够预知没有发生的事情，了解古往今来之兴衰，结合天地万物的本性采取合理的措施。

　　圣人领悟了道，由心而作，是为心术。而在《夜行第三》《武灵王第十九》中出现的"夜行"，也具有领悟了道的心行意味。《夜行第三》中说："致信究情，复反无貌。鬼见，不能为人业。故圣人贵夜行。"道是无形无状的，但蕴含于万物的每一个体，体现在大化流行的每一环节。圣人合于道法行事，貌似并无特别的努力与作为，却能取得不能再大的成就。而《武灵王第十九》看似在讲兵道，实则是治道。庞子说，不战而胜，是战争的最高境界。不依靠流血的战争，而是采取一定的计谋。用奢华之物使国君丧志昏聩，喜怒无常，导致圣贤之人远离。同时扰乱法制，赏罚无度，失道寡助。在国君的身边安排小人，言语蛊惑，阻塞忠臣之路。这样的话，不用采取攻克兵战，就能夺取城池。这种所谓的计谋就是使君主失去人心。文中说："昔夏广而汤狭，殷大而周小，越弱而吴强，此所谓不战而胜，善之善者也。此阴经之法，夜行之道，天武之类也。"战争并不仅仅是简单的国土辽阔狭小、兵力的强弱之争，而是贤君、忠臣、明法、民心的综合较量。因此看似在讲兵道的不同境界，其实是在说明国家兴亡之理。这两篇中的夜行均是指按照道法而行。

　　"夜行"这一概念也在《管子》《淮南子》中出现。《管子·形势》篇中说："召远者使无为焉，亲近者言无事焉，唯夜行者独有也。"《形势解》说："明主之使远者来而近者亲也，为之在心。所谓夜行者，心行也。能心行德，则天下莫能与之争矣，故曰：'唯夜行者独有之乎'。"李学勤认为《形势解》的说法是正确的，"夜行"就是"心行"。并引用《形势》的后半部分来辅助说明："见与之交，几于不亲；见哀之役，几于不结；见施之德，几于不报；四方所归，心行者也。"此处的"心行"与"夜行"意义相同。高诱注也说："夜行，喻阴行也。阴行神化，故能有天下也。一说：言人道者如夜行幽冥之中，为能有召远亲近之道也。"李学勤认为高诱注的前面一句话解释比较贴切,"抱阴守雌,本来是《道德经》以来道家的一贯思想,《览冥》正是沿着这个思路,先讲阴与雌的重要,然后转入'夜行'。'夜行'就是于内心行道,不待见于具体行事,已能达到召远亲近而有天下的效果。"① 圣王的内心行道,是幽而不明的,合于道法的无为,也是隐而不显的,因此被称为夜行。

《鹖冠子》对"心"非常重视,有心体、圣心、心术等说法,充实了内圣的相关内容。这些有关心灵智慧以及净化的认识的不断发展,推动着道家思想向更高的阶段迈进。

二 素皇内帝

在《鹖冠子》一书中,圣王虽然是理想人格的统称,但在不同的篇章中,出现了很多具体的尊号,如《王铁第九》中的"素皇内帝",《度万第八》中的"气皇""神明",《天则第四》中的"九皇",《泰鸿第十》《泰录第十一》中的"泰皇""泰一""神皇"等。这些不同的尊号作为理想甚至神化君王的代称,具有共同的内涵,即在他们的统治下,实现了囊括自然社会在内的整个宇宙的秩序和谐,同时每一个体均按照自性发展。但彼此之间也有些不同的区别,如"泰一"已经加入精、气、神的色彩来说明宇宙间每一个体的一致性与相互联系,与之前的理论特征大不相同。这并非是说,"素皇内帝"与"气皇"等不重视气的作用。气在成为最基本的物质元素之前,一直与阴阳相结合来说明万物构成。但他们视野中是阴阳之气,而在九皇、泰一的视野中是一气、元气。在前者的观念中,起决定作用的是天地,阴阳之气因天地的交互作用产生。而后者认为天地成于元气、一气,因此气是决定事物发展、成败祸

---

① 李学勤:《论先秦道家的"夜行"》,《史学集刊》2004年第1期。

福的根本因素。

在众多的圣王尊号中，"素皇内帝"出现在先秦篇章《王鈇第九》中，反映了《鹖冠子》早期的圣王观。自《兵政第十四》中提出"圣生道，道生法"之后，就为圣人的合理统治地位提供了理论依据。决定事物发展的最终力量是道，由于圣人领悟道、彰显道、运用道，那么圣人就是合理合法的统治者。但在《王鈇第九》中，尚且没有《泰录第十一》中"易姓而王，不以祖籍为君者"的彻底尚贤态度，故此篇一方面说明君主应当遵循天地法则而行，另一方面设立了家族祭祀制度，以此来教导规范子孙的行为，用鬼神、神明的力量进行护佑。成鸠氏作为上古的君王，之所以能使自己的族类繁盛万八千岁，就是因为遵循了"素皇内帝"之法。成鸠氏"得一"，对宇宙的洞察排除了个人的主观臆断，意味着以此为依据建构起来的理想社会也必将亘古长存。他根据自然世界的运行法则设置的一套社会运行规范，核心是"天曲日术"，包括"人情物理""啬万物""与天地总"几个方面，最终要"与神明体正"，连神灵都护佑这种理想的世界绵延不朽。从中可以看出，遵循天地的自然法则、合于人情、与神明体正是素皇内帝之法的主要内容。

"素王"一词多见于记载，而"素皇"并不多见。《庄子·天道》中说："以此处下，玄圣、素王之道也。"成玄英注疏："所谓玄圣素王，自贵者也，即老君、尼父是也。"将老子、孔子看作素王。由此可以看出，"素王"是指那些得道圣贤，虽然在现实中并没有王位，但根据其自身的内在修养，就可以获得尊贵的地位。此处的"素皇"也有这层内涵，注重是否领悟了道法，强调一种内在的修持。那么"素皇内帝"就是通过内在修养与神明交流的圣人。

萧汉明认为，"素"之义，当为诚、为朴，引申则为因循事物的自然法则。"素次以法""素成其用"，"素"皆为因循无为，有取于《黄老帛书·道原》篇"无为，其素也"之义。而"素皇"

以及以道德操行为素之"素",则取诚与朴之义。圣人以道德为操行,不以道德作为邀名逐利之器,故而诚实无欺,朴素无华。以道德为操行的具体表现是,不为物累,无私无欲,参透死生祸福而混然若一。[①] 这也是从圣王的内在修持与品格来说。

综合来讲,"素皇内帝"应当主要包含四部分内容:第一,遵循天地的自然法则;第二,制定法度合于人情民心;第三,注重个人修养;第四,与鬼神、神明体正。文中说:

> 故主无异意,民心不徙,与天合则,万年一范,则近者亲其善,远者慕其德而无已。是以其教不厌,其用不弊。故能畴合四海以为一家,而夷貉万国皆以时朝服致绩,而莫敢效增免。闻者传译,来归其义,莫能易其俗、移其教。故共威立而不犯,流远而不废,此素皇内帝之法,成鸠之所枋以超等,世世不可夺者也。功日益月长,故能与天地存久,此所以与神明体正之术也。

君主用心专一,洞察宇宙,长久不变的法则被明觉心灵所观照。深究"人情物理"后构建起来的以家庭为单位,父子关系为基础,按照四时、五行编制,从小到大形成伍、里、扁、乡、县、郡的层层结构,使每一个人的精神生活与物质生产、情感的交流以及祭祀等如何趋于合理化。社会生活的有序化,需要立足人情教化民众。不断熏陶下形成的风俗,就能够达到"树俗"的理想目标。公正严明地抑制欲望的放纵与奖励那些符合道法的行为,引导社会走向大治。因此远方有所听闻的人前来归附,树立不能侵犯的威严。这就是素皇内帝之法。通过明觉道法,固守内心,顺应民心人情而

---

① 萧汉明:《论〈鹖冠子〉的素皇内帝之法》,《江汉论坛》2003 年第 3 期。

建立一种天长地久的人间理想社会。

当人间的理想社会实现之后，还要"与神明体正"，以保证这种社会可以永恒长存。圣人领悟遵循道法，因此万物的变化都在掌握之中，能够顺应变化，神妙不为常人所知。定位牢祭之鬼神也会对其进行护佑，这就是以死遂生之道。

三　气皇、神明、贤圣

《度万第八》中的五正观念包含了神化、官治、教治、因治、事治五个层次。处于最低层次的"事治"主要是以儒家、法家的思想观念为主，而"神化"则为终极的理想状态。"官治"指通过各级行政系统的有效运作，达到了"众美归焉"的和乐之境，以"教治"与"因治"的移风易俗，满足了全体社会成员的精神向往为基础。最高层次的神化者被称为"气皇"，其次官治者被称为"神明"，教治者被称为"贤圣"，余下两者被称为后王和公伯，已经落入凡庸治理者的层次。气皇、神明、贤圣则是被推崇的圣王称号。

和素皇内帝一样，气皇、神明、贤圣三者均是以天地法则为认知对象，虽然最高境界的神化者被称为气皇，但并非已经将气作为构成万物的根本元素来认识，或者通过把握气来决定成败祸福。阴阳之气需要通过天地水火的交互作用产生，因此三者所依据的根本原则依然是天地。

气皇"定天地，豫四时，拔阴阳，移寒暑，正流并生，万物无害，万类成全。"气皇能够在天地的层面使天下得到安定，在阴阳四时产生之前就采取了相应的举措。因而能够使四时、阴阳按照益生万物的方向运行，最终达到万物成全的最高境界。而"天人同文，地人同理"，要想定天地，圣人必须注重自身的德行修养以及采取尊贤使能、用法正义等系列治国方略。神明作为仅次于气皇的圣王称号,"师阴阳,应将然,地宁天澄,众美归焉"。从阴阳的层面来把握自然社会走向,因为做了分内之事,也能够众美归焉,收到良好的效果,得到众人赞誉。但和万类成全的效果相比,略逊一筹。贤圣就只能"置四时,事功顺道",根据四时来设置规范,按照规律而行取得一些功业,说不上众美归焉,更谈不上万类成全。

气皇、神明、贤圣三者的差异在于对道法不同层次的领悟及作为,这需要结合《度万第八》篇首提出的"天地—水火—阴阳之气"的生成论来理解。天地固有的功能作用必须在相互作用的条件下生起水火与阴阳等事物及其变化,阴阳、四时的生成运行均取决于天地是否处于合适的状态中。因此对天地的把握比阴阳、四时更为根本,收效更大。这也是气皇、神明、贤圣次第排列的原因。由于天地的适中状态受到人事的影响,因此法制中的"节"的"度数"不容逾越,需要特别警惕"法猛刑颇"的过分之举,贤不肖错位的现象。五正使自然的法则反映在人类的制度规范的建立上面,同时人类生活也影响到自然的生生不息。

第三节 后期气、精神观照下的圣王观

学派的前期主要以天地作为法则,而学派后期则引入北斗、气论,作为形上依据。那么圣王不再通过把握天地的内涵、依据天地法则来制定社会结构与规范,而是通过认知气的运行来掌握成败祸福。圣王的内在修养也不仅仅通过心来完成,而是具有了精、神、气的特征。在《环流第五》中,气成为物质的基本元素,圣人通过气来把握吉凶祸福。在《泰录第十一》中,天地不再通过自身以及水火的交互作用产生阴阳之气,而是"天地成于元气",并出现了"卫精、擢神、致气"的修养理论。

一 时、命者，唯圣人而后能决之

在《环流第五》中，北斗成为宇宙运行的枢纽，即世间所有变化的不变根源"一"。气不再由天地、水火的相互作用而生成，而是成为直接构成万物的基本元素。那么圣人对世间规则秩序的掌握就从天地法则转向北斗、气的相关法则。由于万物及其发展均是气运行的结果，所以对气的把握是决定吉凶祸福的关键。

《环流第五》将北斗、气作为事物发展的最终依据，它的运行决定了所有事物的发展趋势，即是"命"。文中说：

> 命者，自然者也。命之所立，贤不必得，不肖不必失。命者，挈己之文者也。故有一日之命，有一年之命，有一时之命，有终身之命。终身之命，无时成者也。故命无所不在，无所不施，无所不及。时或后而得之命也，既有时有命。引其声合之名，其得时者，成命日调；引其声合之名，其失时者，精神俱亡、命日乖。时、命者，唯圣人而后能决之。

宇宙以北斗为中心枢纽，展开万物的生生不息。命，代表了事物发展的自然趋势，不以贤愚而改变。所以有一天的命数，一年的命数，一时的命数，终身的命数。终身的命数，是不受时间限制的。所以命无处不在，无所不及。把握一定的时机而达成目的，就合于命。所以要清楚时机、命数。能够把握良好的时机，命就会得到。而错失良机，精神日困，命运多舛。时机、命数，只有圣人能够把握决定。

《道德经》第八章中说："动善时"，《黄老帛书》中也突出在阴阳刚柔、动静中"时"的重要性。《环流第五》篇中的"时"源于气的流行。北斗作为宇宙的永恒中心，决定所有事物的生死兴衰，这是超越时限的，因此是"命"。而万物的生生不息又是气的具体展开，在不同的时间表现为不同的发展状况，因此是"时"。圣人认识北斗的法则外，还要明白气的作用。后文说："故物无非类者，动静无非气者，是故有人将，得一人气吉，有家将，得一家气吉，有国将，得一国气吉。其将凶者反此。"万物的动静都是气的运行，因此对于个人、家国来说，顺应气的变化规则来行事，将引领事情往成功吉祥的方向发展，否则逆反了事物发展的本性及其趋势，将带来祸事。

事物在气的作用下，又是不断转化的。因此同一事物在其发展变化的不同阶段，却能对人产生截然相反的作用。"气故相利相害也，类故相成相败也。积往生跂，工以为师，积毒成药，工以为医。美恶相饰，命曰复周，物极则反，命曰环流。"圣人须通过把握度，控制时机，保证万物不失其命。气的运行周而复始，是事物发展的本质。这也是此篇名为《环流第五》的原因所在了。

从《环流第五》可以明显地看出，随着气作为物质的基本元素，取代了天地的决定作用，圣人需要认知的内容，行事的依据也发生了变化，表现出与学派前期不同的圣王内涵。

二　内圣者，精神之原也

《庄子·天下》篇中讲"内圣外王"，将圣王以内外区分，突出圣的内在修养含义，推崇关尹、老聃的"澹然"与庄周"独与天地精神往来"的境界。"内圣"这一话题在《鹖冠子》中继续展开，用气、精、神等思想丰富了人格修养的内容。

《泰录第十一》中说"精微者，天地之始也"，天地起源于一种精微者，后又说"天地成于元气"，可见这种精微者间接指向元气。精微者，可以看作元气的另一种近似说法。在气论成熟前，精、精气是道的物质起源或道在万物中的物质表征。《管子·心术下》中有精气的相关论述：

> 思之，思之不得，鬼神教之。非鬼神之力也，其精气之极
> 也。一气能变曰精。一事能变曰智。慕选者，所以等事也。极
> 变者，所以应物也。慕选而不乱，极变而不烦，执一之君子。
> 执一而不失，能君万物。

作为道初始内涵的精气，生成了万物，且变化多端。可以说，精气是元气的前身。精是气的道性，自身是不存在的，但圣人可以通过千变万化的事物来认识。通俗来说，精包含两个方面：一是事物的本质及其合理发展趋势，二是圣人的思维能力以及实践主导作用。这两方面在圣人的身上得到统一。精气是从万物的生成以及变化来讲，而精神则是说万物由于具有道之精，而遵循生生不息的法则，产生了宇宙的神妙大观。圣人用自身的思维能力领悟了万物之精，在生活实践中不对其产生危害，同时主导自然与社会人生保持和谐共存发展的结果。《泰录第十一》中说：

> 精神者，物之贵大者也。内圣者，精神之原也。莫贵焉，
> 故靡不仰制焉。制者，所以卫精、擢神、致气也。幽则不泄，
> 简则不烦，不烦则精明达。故能役贤能、使神明，百化随而
> 变，终始从而豫。

萧汉明对这段话的理解是，鹖冠子把圣人的精神，看作完美思想的象征，是人类一切精神生活的依据。从一般意义上说，精神是生命的主宰，故云"精神者，物之贵大者也"（《泰录》）。而众人莫不有精神，为什么一定要以内圣为精神之原呢？原因是："圣人高大，内揣深浅远近之理。"（《泰录》）由这个回答可以看出，鹖

冠子所说的圣人，不仅仅限于德行修养，更主要的方面尚在于圣人对现存世界认识的高水准。① 神圣的人，生命非常有限，后天地而生，先天地而亡，却能够知道天地的始终，就是因为圣人具有尊贵的精神，能够在有限的生命时空中观照无限的宇宙。因此圣人内在的先觉能力是精神之原。圣人作为主宰者，护卫精气，以求达到神妙通达的境界。静则精不泄，简则精不烦，如此便能役使贤能，灵活应变。

《黄老帛书》《管子》认为保持无欲、静的状态可以养炼精神。《黄老帛书·论》说："强生威，威生惠，惠生正，正生静。静则平，平则宁，宁则素，素则精，精则神。"《管子·心术上》中也说："世人之所职者，精也。去欲则宣，宣则静矣，静则精，精则独立矣。独则明，明则神矣。"祛除过多的欲望，通过精修的功夫，可以内有精神，达到神妙明达的境界。《泰鸿第十》中说："毋易天生，毋散天朴，自若则清，动之则浊。"认为应当静守纯然天性，不要过于动散，否则就会导致精神相迫。

三　泰一

《泰鸿第十》《泰录第十一》作为成书比较晚的篇章，出现了泰一、泰皇、九皇等具有神化意味的圣王名号，表现出与前期篇章截然不同的理论特色，契合于汉初黄老学派"主之以泰一"的观念。王葆玹断定这两篇成于西汉："考察书中《泰鸿》《泰录》两篇内容相关，措辞相似，显然出自同一作者。两篇提到'九皇''元气'，在先秦古书中颇为罕见；两篇又屡见'政''正'两字，不避秦讳；由此可见这两篇成于西汉，是后期黄老学派的作品。西汉文景武帝时期的郊祀体制与《泰鸿》篇的一致性，意味着这种体制

---

① 萧汉明：《论〈鹖冠子〉的素皇内帝之法》，《江汉论坛》2003 年第 3 期。

乃是晚期黄老学派的宗教理论的实施。"① 该论断十分中肯,且《鹖冠子》文本提供了大量线索,来帮助我们理解:"泰一"作为源于楚国的思想观念,如何由楚至赵,并经历了多种观念的选择、发展、创新之后,一步步成为汉初祭祀的至上神。

"泰一"作为最高神灵的存在,源自楚国的天神崇拜传统。宋玉在《高唐赋》中说:"醮诸神,礼泰一。"《史记·天官书》张守节正义:"泰一,天帝之别名也。刘伯庄云:泰一,天神之最尊贵者也。"丁四新在《郭店楚墓竹简思想研究》第二章第二节中以出土文献辅以说明:"在楚地出土的'兵避太岁'戈,马王堆出土的有关泰一神帛画,及包山楚简的'太'或'蚀太'神,都表明在战国中后期一直到汉代,楚地泰一神崇拜非常流行"。无论是传世文献和出土文物均表明,"泰一"是在楚国兴盛起来的天神崇拜。

据《鹖冠子》一书可知,正是鹖冠子学派将"泰一"观念从楚国带到了赵国。《后汉书·舆服志下》记载:"鹖者,勇雉也,其斗至一死乃止,故赵武灵王以表武士,秦施之焉。"可知鹖鸡作为勇斗的象征始于赵国,且《鹖冠子》中鹖冠子的言谈对象均是庞子,一位赵国大将。这些都说明赵国是鹖冠子活动过的重要地方。《汉书·艺文志》中又说鹖冠子是"楚人,居深山,以鹖为冠",表明鹖冠子出生于楚国,《王铁第九》篇中也言及楚制。可见楚国、赵国是鹖冠子的主要活动区域。孙福喜在专著《〈鹖冠子〉研究》中,调查了鹖马鸡分布的地理状况,分析了《鹖冠子》一书的有关历史记载,得出结论:鹖冠子是一位出生于楚国,专修黄老道家之学,20岁左右到了赵国,曾任庞煖、庞煖兄弟老师,后又长期隐居于鹖鸟众多的赵地深山,喜戴用鹖鸟羽毛做的头冠的隐士。② 从鹖冠子由楚至赵的生平经历可知,极有可能是鹖冠子学派将"泰

① 王葆玹:《黄老与老庄》,中国人民大学出版社2012年版,第103页。
② 孙福喜:《〈鹖冠子〉研究》,陕西人民出版社2002年版,第155页。

一"观念从楚国引入了赵国，并不断进行重构性的改造，从而适应了汉初的哲学和宗教需求，成为至上的思想主流。

而来自赵国的黄老学者，则在汉初的思想统治领域，发挥着重要作用。王葆玹分析道："在崇尚黄老的文景时期，国家宗教是以'泰一'为至上神，以五帝为'泰一'之佐。建议修建此庙的新垣平是赵人，在景武之际干预朝政并以尊崇黄老而闻名的窦太后也是赵人。《史记》中《孟子荀卿列传》说赵人慎到学黄老道德之术，曾为稷下先生；《乐毅列传》说久居赵国的乐瑕公与乐臣公都传习黄老之学，乐臣公曾到齐国传授盖公，盖公即是在汉初实行黄老之治的名相曹参的老师。建议修建五帝庙的新垣平，可能即是战国末期赵国黄老学派的后继者。"① 但赵人新垣平的"泰一"观念从何而来，如何形成，可从《鹖冠子》中需求文本线索。

汉初的"泰一"至上神观念和战国时期楚国对于"泰一"的理解已有很大不同，战国中期楚国的"泰一"崇拜主要和星、巫相关，而《鹖冠子》中的"泰一"已经成为根植于"天文、地理、人情"的同一之道。这表明鹖冠子学派对源自楚国"泰一"的观念进行了选择性的重构，主要体现在三个方面。

第一，引入北斗作为"一"之法则依据。如在《天则第四》《环流第五》中均引入"北斗"星作为"一"的形上依据，这种观点在对话体篇章，以及其他篇章中都不曾出现过。将北斗星作为道法之"一"的天象依据，可能和楚国的泰一星象崇拜相关，这说明鹖冠子学派尝试借鉴楚国的信仰因素来说明黄老学的重要概念"一"。但这种借鉴并无进一步的创新性发展，《泰鸿第十》《泰录第十一》中提到"泰一"时再不谈北斗星。

第二，强化客观的"天文、地理、人情"同一性之"泰一"，

① 王葆玹：《黄老与老庄》，中国人民大学出版社 2012 年版，第 98 页。

弱化星象崇拜基础上的楚国"泰一"信仰因素。《泰录第十一》篇中说:"天循文以动,地循理以作者也。二端者神之法也。"《泰鸿第十》篇从反面说明"上灭天文,理不可知,神明失从"。天文、地理否定了具有祸福预示意义的鬼神之天,从天、鬼神等神性意志转变为客观规律之天文、地理,标志着系统的理性思维开始确立。而对于人性的共同基础理解,辅助构成了天、地、人的系统思考,从而使自然社会规律具有同一性法则、依照万物自性而立化树俗成为可能。

第三,发展了精、气、神的观念。《环流第五》篇不仅提到北斗星,还说:"有一而有气",将气作为万物生成的根本,这种生成论观点在对话体篇章也不多见,甚至和《度万第八》中的"天地—水火—阴阳"生成论完全不同。但随着理论的发展,《鹖冠子》后期《泰录第十一》中认为"天地成于元气",而"泰一"是"执大同之制,调泰鸿之气,正神明之位者也"的存在。而圣人把握了"泰一"之道,"卫精擢神致气",不仅可以"上贤为天子",而且"能役贤能使神明",成就神圣大道。立足于精、气、神基础上的"泰一"圣贤观,已经和楚国的"泰一"信仰呈现出不同的理论内涵。

以上三个方面可知,在理论的建构过程中,由于"北斗"的星象要素没有和"气"的本体生成论有效融为一体,再加上"气"可以更贯通性地解释精神养炼过程,于是在理论的建构过程中,以"气"为根本的生成论、修养论逐步兴盛。于是在最晚出现的篇章《泰鸿第十》《泰录第十一》中出现了新的至圣形象代表"泰一",采用了气的形上依据,而不再提到北斗星,而具有北斗因素的《天则第四》中的最高神"九皇"也要问道于"泰一","九皇"自贬地位向"泰一"请教,这也表明后者的地位更高,理论建构也更具有创新性、贯通性。

"泰一"是一名天神，作为九皇、泰皇的师傅，"执大同之制，调泰鸿之气，正神明之位者也"。将大同之制作为理想政治，与《鹖冠子》"为之以民"的行道关键相一致。"大同"的理想境界也载于《礼记·礼运》："大道之行也，天下为公。选贤与能，讲信修睦。故人不独亲其亲，不独子其子。使老有所终，壮有所用，幼有所长，鳏寡孤独废疾者皆有所养。男有分，女有归。货恶其弃于地也，不必藏于己。力恶其不出于身也，不必为己。是故谋闭而不与，盗窃乱贼而不作，故外户而不闭。是谓大同。"天下为公，任贤使能，是《鹖冠子》十分重视的核心内容。不局限于亲近之人，而使众人共享社会，正是"立化树俗"的目标，即《成鸠之制》中的"死生同爱，祸灾同忧，居处同乐，行作同和"理想境界。《泰鸿第十》通过泰一指明如何执大同之制：四则、八风、六合、四时、八极、三光、刑德、五音、六律、度数、五色、二气、南北、晦望等结合起来，形成一种无形内政：

> 东方者，万物立止焉，故调以徵；南方者，万物华羽焉，故调以羽；西方者，万物成章焉，故调以商；北方者，万物录藏焉，故调以角；中央者，泰一之位，百神仰制焉，故调以宫。道以为先，举载神明。华天上扬本出黄钟。所始为东方，万物唯隆。以木华物，天下尽木也，使居东方主春；以火照物，天下尽火也，使居南方主夏；以金割物，天下尽金也，使居西方主秋；以水沉物，天下尽水也，使居北方主冬；上为大都，天下尽土也，使居中央守地。天下尽人也，以天子为正。

"泰一"通过阴阳四时的时间运行、东西南北中五方的空间排列、宫商角徵羽的音乐顺序、万物生长消亡的五范秩序，彼此对应规范，要求五官六府各尽其职，合理使用刑德、法度，来正神明之位。文中以"泰一"为中央的五音排列，印证了《吕氏春秋·仲夏季》中音乐"本于泰一"的说法。王葆玹认为这段话有两个需要注意的地方：第一，以五材、五方、四时相配，但未像《吕氏春秋》《淮南子》那样强调黄帝居中，而声称"中央者泰一之位"，这在现存战国秦汉典籍的各种五行学说当中颇为罕见，是一种特殊的说法；而西汉郊祀制度规定五帝分居四方，黄帝位于西南，"泰一"位于中央，正与《泰鸿》篇的特殊说法相合。第二，《泰鸿篇》采用泰一与泰皇问答的体裁，明确泰一高于泰皇，这在战国秦汉时期也是罕见的；而西汉官方在奉祀泰一之际，一般未将泰一与"泰皇""泰帝"相混淆……证明泰帝在武帝君臣看来要低于上帝，位于泰一之下。那么，武帝所祭的"泰一"与《泰鸿》篇所谓的泰一，应有相同的阶次或地位。[①] 这两个方面明确说明了《泰鸿第十一》篇中关于"泰一"的理解是西汉初期"泰一"信仰的直接文本依据。

《鹖冠子》中独特的圣王观也在"泰一"的理解中发展到了极致。圣人由于"生道""生法"，在某种意义上可以说是万物的准则和主宰，所以神化成为"泰一"。人通过学道成为圣人，圣人掌握真理与法则，不仅可以"上贤为天子"，甚至可以"王百神"。从中可以看出道教中凡人成仙的理论依据：人通过认知学习道，修炼变化气，凝萃成为精气，从而成仙成圣。道、气、化的观念充实了"神"的内涵，形成了新的神明特色。由于认识了"道"的内涵，万物的变化都在圣人的掌握之中。所以圣人能够顺应变化，神妙不为常人所知。

可以看出，《鹖冠子》中的"泰一"观念，呈现出和《庄子》《吕氏春秋》不同的理论特色。《吕氏春秋·大乐》中说："道也

---

① 王葆玹：《黄老与老庄》，中国人民大学出版社 2012 年版，第 102 页。

者,至精也,不可为形,不可为名,强为之谓之泰一。"泰一就是道的另一个称谓,与道同体。作为本体,"泰一出两仪,两仪出阴阳。阴阳变化,一上一下,合而成章"。阴阳变化均从泰一而出,没有至上神的信仰色彩。另外《庄子·天下》篇中记载关尹、老聃的学说:"建之以常无有,主之以泰一,以濡弱谦下为表,以空虚不毁万物为实。"两者一般是从道本体的角度来理解泰一,而《鹖冠子》中的"泰一"代表着哲学与宗教观念的统一:①

在西汉前期和中期,统治者倾向于将自然界与社会看作一个庞大的系统,并将宗教放到这一系统中的重要位置上,因而如何建立一个极具崇高感与神圣感的国家宗教,以及如何解释这种宗教,便成为当时学者所共同面临的课题。在这种情况下,黄老学派改变了自己原有的那种否定传统宗教的思想倾向,建立了一种既包含哲学也包含宗教理论的庞大的思想体系。这一体系中的哲学,大旨是尊崇道德与"泰一",提倡无为;这一体系中的宗教思想,大致是虚构一种以"泰一"为至上神的多神系统,并为相应的宗教设施与祭祀程序提供方案与解释。在这里,哲学中的"泰一"范畴与宗教中的至上神观念的重合,是这体系中哲学与宗教思想的联结点。过去人们说,西汉文景时期的国家宗教只奉祀五帝,未奉祀"泰一",这是个误会,其实"泰一"在汉文帝时已成为国家宗教至上神的名称,在景武之际依然是如此。当然,这种宗教后来转变为带有儒家特色的国家宗教,但这转变不是发生于以尊儒著称的汉武帝时期,而是远在武帝以后。在西汉成帝年间,儒者开始对这具有黄老特色的国家宗教进行改革,逐渐剥夺了黄老学派在官

① 王葆玹:《黄老与老庄》,中国人民大学出版社 2012 年版,第 94—95 页。

方学术中的地位，使这学派的一些后继者穷极思变，在本派旧说的基础上创立新说，以与儒家相抗衡。甘忠可的《包元太平经》就是这样问世的，道教的早期思想酝酿活动就是这样开始的。

《鹖冠子》文本对于了解黄老学的思想发展轨迹是十分重要的，鹖冠子本人由楚至赵，融汇了南北两地的黄老学思想，以齐、赵两地的黄老学观念重构了源自楚国的"泰一"信仰，而最终显耀于汉初窦太后（来自赵国）为主导的黄老统治，成为西汉的国家祭祀依据。成书于先秦、秦代、汉代不同时期的篇章，有助于了解黄老学重要概念的萌端、发展以及成熟过程，尤其是"一"如何上升至"泰一"，不仅是哲学意义上的形上理论建构，更是一种现实的执政需要，最终上升为百神仰望的"泰一"至上神。而黄老之"泰一"在失去了政权庇佑之后，又隐匿兴盛于民间，成为道教的重要思想来源。

第 五 章

"为之以民"的道法政治

学派前后时期的不同形上依据，也对应各自具体的政治制度，表现为天——成鸠之制、天地——五正、泰一气论——大同之制三种主要形态，暗合了先秦、秦末、汉初的时代主题。天——成鸠之制讨论的是如何建立起一个大一统政权，天地——五正制度对秦朝严苛的法律以及秦始皇废除谥号一事进行了批评，泰一气论——大同之制设想了一个贤、民基础上的社会新建构。但贯穿其中的是为民、重贤、道法的政治原则。

在以天地为法则的学派前期，《王钛第九》建立了以"天曲日术"为核心，包括"人情物理""啬万物""与天地总""与神明体正"几个方面的"成鸠之制"；《度万第八》提出了完善的"五正"政治论，依据道法的实践程度分为神化、官治、教治、因治、事治几个层次，无论是现实制度还是理想境界都被囊括其中，显示了多层次的理论包容性。在以北斗、泰一为主的学派后期，九皇之制、大同之制作为理想的政治制度，提出了"为之以民""易姓为王"的重要命题，深化了道法政治的内涵。

第一节 政治总则：道法、重贤、为民

秦朝一统天下之后而迅速亡国，严刑峻法就是其中的一个诱

因。因此，不仅要重视法的工具性，更要清楚法的目的性。如果是为了君王之私利而敛财役人，那么法也只能是暴政的帮凶。《鹖冠子·度万第八》中就对法家的以法"行私"提出了批评，认为法制挟制百姓满足自己私欲，并不是理想的统治。最好是以道法来治理，"道法"作为《鹖冠子》中的核心概念，在政治观方面也具有多层内涵："道生法"确立了道乃法的终极依据；"为之以民"则是"道之要"；"圣生道"说明圣人因道立法成王，才德与权位统一，主张"上贤为天子"。对于以贤能论权位的观点，陆佃认为"尧授舜，舜授禹，用此道也"，三代禅让制正与此相符。至此道法政治实现了民、贤、君的一致性，且与上古历史相符合。

第一，法来源于道，注重依法治国。"道生法"（《兵政第十四》），因此法具有终极合理性。法的内涵突破了度量意义上的法规，赏罚意义上的法律等约定俗成概念，在"道"的依据下得以丰富和完善，贯通自然、社会与人情，而具有了深邃广阔的哲学意蕴。法来源于道，依此而行才能"无为而无不为"，这是理想完善的治国原则。《老子》中较少谈到法，且认为"法令滋彰"不利于民众生活。但黄老学引出"道法"，成为其重要的理论特征。"道法"不仅否定了人治，而"民"作为《鹖冠子》中道的关键内容，为法治提供了重要的价值指向。圣贤作为道法的彰显者和执行者，为理想政治的设计、实现提供了可能。

第二，"为之以民"是道之要，批判君主专制。《天则第四》中说："为之以民，道之要也。唯民知极，弗之代也。"《鹖冠子》中多篇文章提到"一人"之社会与"民"之社会的不同。为了结束战乱与纷争，需要有一位天子，或者君王，来实现统一。但他只是一个民族或国家团结一致的象征，并非为了征天下之财力，供其一人享乐。天子代表民众天地的整体权益，因此应当是最圣贤的人。《泰录第十一》中言："故师为君而学为臣，上贤为天子，次贤为三公，高为诸侯，易姓而王，不以祖籍为君者，欲同一善之安也。"从天子到三公、诸侯都应当以贤的程度来选择，而不应当以血缘、祖籍为标准。最圣贤的人作为天子，上知天文，下知地理，对外能文武征伐，对内能任贤使能。这样的君主是贤明的，能够物尽其用，人尽其才。《天则第四》中说："未令而知其为，未使而知其往，上不加务而民自尽，此化之期也。"建立以民为本，上下利益一致的基础上，统治者几乎"无为"，而民众自己就能实现好的生活。由此可见，《鹖冠子》中民众的权益立足于道，而通过圣贤因道立法，达到"无为而无不为"的理想状态。

第三，道法通过圣贤而彰显，重视圣贤的积极治理作用。圣人作为道法的先觉者，通晓天文地理，制定社会法则，从这个意义上说，他是道法的彰显者、先行者。《环流第五》中言："生成在己，谓之圣人。惟圣人究道之情，唯道之法，公政以明。"就是将圣人理解为道法的领悟者，法则的制定者。陆佃注解说："非我则无法，非彼则无所用法。彼我玄同，盛德之至。""彼"是从道的客观角度来讲，"我"是从主体的实践来讲，没有道，法就缺失了依据，但没有圣人之"我"，法则也不能显明于世。只有我的认识与道相合，因道立法，才是隆盛至高的德行。

圣人存在与否是治乱的根本，对圣贤的重视贯穿在《鹖冠子》全篇之中。具体言之，在《博选第一》中谈如何选贤与能，在此基础上实现天下大治。《兵政第十四》中的"圣生道，道生法"说明圣人能够认识万物本质，知晓道的规律，遵循道的法则，彰显于世人一种公正的政治。圣人的尊崇地位是由道赋予的，具有根本的合理性，因此可以超越血缘等关系，成为王权的拥有者。在《泰录第十一》中提出了"故师为君而学为臣，上贤为天子，次贤为三公。高为诸侯，易姓而王。不以祖籍为君者，欲同一善之安也"的精深论断，以贤能定尊卑的主张旗帜鲜明地否定了血统论。这种观念在

《能天第十八》发展为"道者，开物者也，非齐物者也。故圣，道也，道非圣也。道者，通物者也，圣者，序物者也。是以有先王之道，而无道之先王"的思想。道法的终极合理性认可圣贤的才位一致，否定血缘继承制，具有理性的政治启蒙色彩。

《鹖冠子》以道为前提的"法"与商、慎、韩等法家理解不同，除去民本思想外，圣贤观也是其主要分歧。《慎子》的法家思想与《鹖冠子》最为相近，但也无法达到后者的道法高度。《慎子·君人》中说：

> 君人者，舍法而以身治，则诛赏予夺，从君心出矣。然则受赏者虽当，望多无穷。受罚者虽当，望轻无已。君舍法，而以心裁轻重，则同功殊赏，同罪殊罚矣，怨之所由生也。是以分马者之用策。分田者之用钩。非以钩策为过于人智也，所以去私塞怨也。故曰：大君任法而弗躬，则事断于法矣。法之所加，各以其分。蒙其赏罚而无望于君也。是以怨不生而上下和矣。

由于人人都希望得到奖赏而避免责罚，所以君主给予再多的奖赏都觉得少，再轻的责罚也不希望发生在自己身上。如果君主根据自己意愿进行赏罚，就容易让臣子心中产生怨恨。而依据法度的话，人人心服口服，就可以避免私下的怨恨。这就是法治优于人治的主要原因，即分配的公平性。《慎子·威德》中也说："明君动事分功必由慧，定赏分财必由法。行德制中必由礼。"由此可见，《慎子》中的法主要是为了显示赏罚的公平性。但这种分配从"君"而出，和贤存在着矛盾，因此要"君立则贤者不尊"。贤与君的矛盾，在君主世袭制中表现尤为明显。而重君轻贤则显示了法家之"公"的有限性，说明"公"不过是在"君"前提下而言，并非天下之公，人人之公。那么所谓分配的公平性也是仅是在君主一人一家之利的基础上，大大小小的在位者分配一国之利的契约，而非全民等同的契约。在《鹖冠子》中，君贤不仅一致，而且"为之以民"。

另外，《鹖冠子》还从个体局限性来说明圣贤的重要性，陆佃解曰："因人则逸，任己则劳"。《道端第六》中说："夫寒温之变，非一精之所化也，天下之事，非一人之所能独知也，海水广大，非独仰一川之流也。是以明主之治世也，急于求人，弗独为也。"无论多么有才的人，其能力也是有限的，治理国家必须依靠集体的智慧。所以君主的职责是知人用人，将各种有才能的人，比如仁人、忠臣、智士、礼臣、辩士团结在自己的周围，各尽其才，而不是仅靠自己的能力和意愿。这种观点在某种程度上赋予更多人参与治国的合理性，从而限制了君主的个人权力。类似的观点也出现在其他相关著作中："故廊庙之才，盖非一木之枝也；粹白之裘，盖非一狐之皮也。治乱安危、存亡荣辱之施，非一人之力也。"（《慎子·知忠》）"天下万事，不可备能，责其备能于一人，则贤圣其犹病诸。设一人能备天下之事能，左右前后之宜，远近迟疾之间，必有不兼者焉。"（《尹文子·大道上》）"任一人之材，难以至治，一人之能，不足以治三亩。"（《文子卷第一》）因此，具有各种才能的人，仁人、忠臣、义臣、礼臣、辩士、智士应在君王左右，贡献才能，治理社会。

第四，自然规律与社会法则贯通一致，在此基础上构建具体的政治制度。在道法的前提下，自然与社会法则浑然一体，互相感应。《度万第八》提出了天地化育万物的生成过程，从而"天人同文，地人同理"，天地人之间互相感应，"一义失此，万或乱彼"，任何局部的紊乱都会干扰整体的有序运行，在生生不息的宇宙层面贯通了自然界与人类社会。同时《鹖冠子》非常重视社会制度背后的终极形上依据建构，早期《王铁第九》在日月列星之天的基础上构建"成鸠之制"，即是根据天地人的自然本性设计出的社会政治结构。无论是天——成鸠之制，还是天地——五正、泰一气论——大同之制，均是为民、重贤、道法的政治原则下的具体政治建构。但不可避免地，《鹖冠子》也表现出立足于天人感应的谶纬倾向。

总结来说，《鹖冠子》的道法政治主要有四个特征：第一，法以"道"为形上依据；第二，"道"以民为本；第三，道"法"保障了圣贤的权位；第四，政治建构需贯通自然和社会法则。《鹖冠子》深刻思考了道法与圣贤、民众的重要性，对于当今国家治理领域，依然具有积极的借鉴意义。从道的视角、以民为本，对法的来源与目的进行了界定，强调民众利益是道法政治的根本目的，防止法作为统治工具而助纣为虐。尚贤选贤，只有能够因道立法、为之以民的圣贤才有资格做最高统治者。但如何衡量贤明的程度以及保障贤人的权位，并没有详论。这些内容都为当今世界了解古人的理想政治追求以及时代局限性提供了有价值的参考。

第二节　前期的"天——成鸠之制"

代表《鹖冠子》早期政治论的"天——成鸠之制"主要体现在《近迭第七》《王铁第九》之中。"成鸠之制"殊为少见的"成鸠"，宋代陆佃注解为"天皇之别号"，是天地初立时期的一位天皇。在上古时期，"鸠"是鸟图腾崇拜的一种，少昊时代曾有"五鸠"之官掌管民众生活，则"成鸠"在《鹖冠子》这里应当为托古的尊号，目的是宣扬"成鸠之制"的神圣性与永恒性。"成鸠之制"具体解释了社会组织的结构以及与之相应的管理措施，使每一个人的精神生活与物质生产、情感的交流以及祭祀等如何趋于合理化的问题，具有了可以效法的蓝图。

《近迭第七》中讨论"舍天而先人"的原因是，天、地、时三者不能"立化树俗"，所以"圣人弗法"。由此可见，"立化树俗"是圣人治理社会的依据。《王鈇第九》开篇也以"树俗立化"为背景，展开了讨论。庞子问鹖冠子说：

> 泰上成鸠之道，一族用之万八千岁，有天下兵强，世不可夺，与天地存，久绝无伦，齐殊异之物，不足以命其相去之不同也。世莫不言树俗立化，彼独何道之行以至于此？

世上的人都在说"树俗立化"，而你却在说"成鸠之制"，为什么要独行此道呢？这可以看作《王鈇第九》对于《近迭第七》篇的发展与回应。其实根据后文的说明，"成鸠之制"也是为了"化立而世无邪，化立俗成"，因此两者看似不同，实际上追求的目标是一致的。只是《王鈇第九》篇借助"成鸠之制""天曲日术""王鈇"等概念，说明更为详细。从"成鸠之制"的角度具体说明了社会组织的结构、管理，人们的生活、情感，祭祀。由于这种政体符合人情物理，所以可与天地长存。

《近迭第七》篇为了说明人为的主观性与重要性，而否定了祸福之天。而在《王鈇第九》中，"天"综合了日、月、列星、四时等自然法则，在时间与空间上都具有永恒性。"天者一法其同也，前后左右，古今自如，故莫弗以为常。"由此可见，"天"的内涵已经发生了改变，从祸福之天转变为自然法则之天。由于这种法则性，天具有了崇高的地位，成为成鸠氏尊贵的依据。"彼成鸠氏天，故莫能增其高尊其灵。"鹖冠子说：

> 天诚、信、明、因、一，不为众父易一，故莫能与争先；易一非一，故不可尊增。成鸠得一，故莫不仰制焉。

由于天的法则是万年不变的，那么以此为依据的理想社会也将永恒长存。"成鸠之制"就是根据天、日的运行法则设置的一套社会运行规律，所以核心是"天曲日术"，分别包括"人情物理""啬万物""与天地总"几个方面。最终要"与神明体正"，也是说明神灵可以护佑这种理想国永恒长存，万年不变。后文引出"王铁"，从表示权柄的器物上证明这种制度并非短时间合理，而是世代相传的。因此"神明""王铁"都是成鸠之制不朽的终极依据。

首先，鹖冠子根据"人情物理"构建了一种社会结构，以家庭为单位，父子关系为基础：

> 其制邑理都，使曈习者，五家为伍，伍为之长，十伍为里，里置有司，四里为扁，扁为之长，十扁为乡，乡置师，五乡为县，县有啬夫治焉，十县为郡，有大夫守焉，命曰官属。郡大夫退修其属县，啬夫退修其乡，乡师退修其扁，扁长退修其里，里有司退修其伍，伍长退修其家。事相斥正，居处相察，出入相司。父与父言义，子与子言孝。长者言善，少者言敬，旦夕相薰芗，以此慈孝之务。若有所移徙去就，家与家相受，人与人相付，亡人奸物，无所穿窬，此其人情物理也。

这种社会结构是依照四时、五行来编制的，用四、五之数将以家为单位的民众组织起来，从小到大形成伍、里、扁、乡、县、郡的层层结构，并有相应的官员来管理。这种社会构想和管子推行的齐国之制十分相似，《国语·齐语》中记载：

> 管子于是制国："五家为轨，轨为之长；十轨为里，里有司；四里为连，连为之长；十连为乡，乡有良人焉。以为军令：五家为轨，故五人为伍，轨长帅之；十轨为里，故五十人

为小戎，里有司帅之；四里为连，故二百人为卒，连长帅之；十连为乡，故二千人为旅，乡良人帅之；五乡一帅，故万人为一军，五乡之帅帅之。三军，故有中军之鼓，有国子之鼓，有高子之鼓。春以搜振旅，秋以狝治兵。是故卒伍整于里，军旅整于郊。"

管子对曰："制鄙。三十家为邑，邑有司；十邑为卒，卒有卒帅；十卒为乡，乡有乡帅；三乡为县，县有县帅；十县为属，属有大夫。五属，故立五大夫，各使治一属焉；立五正，各使听一属焉。是故正之政听属，牧政听县，下政听乡。"

这种相似性在葛瑞汉、杨兆贵的文章中已经得到比较详细的说明。葛瑞汉认为"它循着与管仲的齐国组织结构同样的思路"[1]；杨兆贵经过分析得出，"本篇所言之制乃综合《齐语》所言管子国、鄙之制而成：自家迄乡，基本上与国制同。县、郡两级则与鄙制同。管子推行的国制中最高官员为三军之帅，而本篇则把鄙制中县帅、五正改成县啬夫、郡大夫，又在此两级行政官僚上置柱国、令尹，以统御全国。因此，本篇所言行政层级已绾合管子的国、鄙之制与楚官"[2]。另外，"本篇称县令为啬夫，据裘锡圭研究，自春秋迄西汉，啬夫有不同级别，战国时期秦、齐、三晋皆有啬夫之官，然县令为县啬夫，只有见诸云梦秦简。（裘锡圭《啬夫初探》，载《古代文史研究新探》，第431—455页，其中第434页尤为重要。）秦简成书年代约在公元前278年迄公元前246年之间，则秦国县令在战国末期已是啬夫。本篇称县令为啬夫，是援用秦制。可见，本篇言行政层级绾合齐、楚、秦三国之制。鹖氏对此三国官

---

① 葛瑞汉：《〈鹖冠子〉：一部被忽略的汉前哲学著作》，载葛兆光主编《清华汉学研究》第一辑，清华大学出版社1994年版，第128页。

② 杨兆贵：《〈鹖冠子〉研究》，博士学位论文，北京师范大学历史学院，2003年。

制、政制有一定的认识。"① 杨兆贵的考证详细且比较中肯，"成鸠之制"的社会组织构建当是综合了齐国管子的国、鄙之制，楚国的柱国、令尹官名，以及秦国的县令名啬夫。

社会组织的结构确立以后，在运行过程中首先通过人情来教化民众。父子之间言孝，长幼之间言敬，人与人之间言义。这样的生活习惯日夜熏陶，就形成了风俗，就达到"树俗"的效果。如果有人不孝敬老人，尊敬长辈，就要受到责罚，而相应级别的官员也要受到处罚，这种惩罚非常严厉。鹖冠子说：

> 伍人有勿故不奉上令，有余、不足、居处之状，而不辄以告里有司，谓之乱家，其罪伍长以同。里中有不敬长慈少，出等异众，不听父兄之教，有所受闻，不悉以告扁长，谓之乱里，其罪有司而贰其家。扁不以时循行教诲，受闻不悉以告乡师，谓之乱扁，其罪扁长而贰其家。乡不以时循行教诲，受闻不悉以告县啬夫，谓之乱乡，其罪乡师而贰其家。县啬夫不以时循行教诲，受闻不悉以告郡，善者不显，命曰蔽明，见恶而隐，命曰下比，谓之乱县，其诛啬夫无赦。郡大夫不以时循行教诲，受闻虽实，有所遗脱，不悉以教柱国，谓之乱郡，其诛郡大夫无赦。柱国不政，使下情不上闻，上情不下究，谓之绿政，其诛柱国灭门残疾。令尹不宜时合地害百姓者，谓之乱天下，其轸令尹以徇。此其所以啬物也。

没有尽到职守的官员要定罪，散财丧命，甚至遭受车裂、灭门、残族等酷刑。因此，日德与月刑是天之法则的两面，人间的社会法则就有教化与刑法的两面。"成鸠之制"表面看起来是儒、法

---

① 杨兆贵：《〈鹖冠子〉研究》，博士学位论文，北京师范大学历史学院，2003 年。

并行，但实际上已经用德、刑将儒家之教化、法家之刑法统一于道法之中。刑德并用，除了有日德、月刑的自然依据外，也是建立在《鹖冠子》对人性的理解之上。

《鹖冠子》中少言人性，而多言人情。君王、圣人之所以能够统治成千上万，甚至更多的民众，就是根据这种人情。《王铁第九》中鹖冠子曰："虎狼杀人，乌苍从上，蟥蛾从下聚之。六者异类，然同时俱至者何也，所欲同也。由是观之，有人之名，则同人之情耳，何故不可乎。"虎狼杀了人之后，乌鸦老鹰从上捕食，蚯蚓小虫从下聚集腐食。六种动物属于不同的种类，但都来到这里，是因为它们有一样的欲望需求。由此看来，人也具有一样的欲望情感，根据欲望中想得到与逃避的东西来采取奖赏、惩罚等措施，无论是一个人，还是一国的人，都可以得到有效的治理。人类的欲望具有类似性，并且是天然合理的，《度万第八》中说"无欲之君不可与举"，即表明欲望是建功立业的动力。同时，《鹖冠子》也认为欲望是需要节制的。《著希第二》中说："心虽欲之，而弗敢信，然后义生。"心中的欲望很多，但不能随欲而行，要用礼义来节制。《世兵第十二》中也说："多欲则不博，不博则多忧，多忧则浊，浊则无知，欲恶者，知之所昏也。"将多欲看作导致认识昏乱的原因。《鹖冠子》不仅从内在欲望来说明人情，而且还从日常喜好、习惯方面来说明，比如好逸恶劳、乐生恶死等。由于人情存在这种两面性，因此既可以通过教化之德来引导良好的方面，也需要用刑法来遏制不好的方面。

根据天地四时的运行规律，如天的诚、信、明、因、一特性对民众进行教诲，采取严厉的酷刑责罚行为不当的官员，这就是"啬物"。"啬"字有爱惜、保养的意思。这些措施都是为了督促官员要按照天时来教诲民众，勤政爱民，使民、物都各尽其性。虽然刑罚十分残酷，但仅是一种手段而不是目的。当立化、树俗完成以后，就可以"其刑设而不用，不争而权重，车甲不陈而天下无敌矣。"达到一种和乐的境界，人与人之间形成一种纯粹信任互助的关系，刑罚没有用武之地。督促官员的行为以帮助建立不同社会成员之间的和谐关系，是十分值得注意的思想动向。而早已见诸《黄老帛书》的关于日德与月刑的阴阳之性的论述，昭示了天之法则的不可或缺的两个侧面，儒家的道德教化与法家的法治精神的积极价值，统一于道法之中，并且基本实现了形上学的贯通。

"成鸠之制"除了根据人情物理设立社会结构，用刑德来"啬万物"，还要"与天地总"。如果这三点都完成了，上下通达，那么"天曲日术"也就实现了。

> 天用四时，地用五行，天子执一以居中央，调以五音，正以六律，纪以度数，宰以刑德。从本至末，第以甲乙。天始于元，地始于朔，四时始于历。故家里用提，扁长用旬，乡师用节，县啬夫用月，郡大夫用气分所至，柱国用六律。里五日报扁，扁十日报乡，乡十五日报县，县三十日报郡，郡四十五日报柱国，柱国六十日以闻天子，天子七十二日遗使，勉有功，罚不如，此所以与天地总。下情六十日一上闻，上惠七十二日一下究，此天曲日术也。

天子"执一"，位居天下的中心，将五音六律、度数刑德作为治理民众的准则和手段。人间有日、月、季度等日期长短的划分，各级大小官员根据不同的日期向上级汇报事务，君臣的同心同德，建立起稳固的社会结构。此时刑法虽然设立但是没有用处，不用战甲装备就可以天下无敌。

这段话中的"气分"，是本篇唯一提到"气"的地方。各级官员根据日月、节气、六律，在规定的日期内向上级汇报事务。郡大夫根据的是"气分"，需要每四十五日向上级官员柱国汇报。因此，"气分"应当是四十五天一个轮回，可能是根据立春、春分、立夏、夏至、立秋、秋分、立冬、冬至8个节气来划分的。"气分"表示节气的划分，说明在本篇中还没有出现抽象意义上的"气"的内涵。

依据四、五之数建立一个稳固的社会结构，根据人情物理、刑德来维持社会的运行，参照天地运行保持上传下达，此时"成鸠之制"的三个方面都已经完善，实现了"天曲日术"。那么就可以"化立俗成"了，形成这样一种理想的生活状态：

> 故化立而世无邪，化立俗成。少则同侪，长则同友，游敖同品，祭祀同福，死生同爱，祸灾同忧，居处同乐，行作同和，吊贺同杂，哭泣同哀。欢欣足以相助，侦谍足以相止。安平相驯，军旅相保，夜战则足以相信，昼战则足以相配。入以禁暴，出正无道，是以其兵能横行诛伐而莫之敢御。故其刑设而不用，不争而权重，车甲不陈而天下无敌矣。

在这种理想的状态中，刑法虽然设立但没有用处，不用战甲装备就可以天下无敌。这和《老子》的"小国寡民"有相似的旨趣，"虽有舟车，无所乘之；虽有甲兵，无所陈之。"同时和《国语·齐语》中的记载十分相近：

> 内教既成，令勿使迁徙。伍之人祭祀同福，死丧同恤，祸灾共之。人与人相畴，家与家相畴，世同居，少同游。故夜战声相闻，足以不乖；昼战目相见，足以相识。

年幼的时候是小伙伴，长大了就是朋友，游玩时有相同的爱好，祭祀时一起祈福，同生共死，有福同享，有难同当，美满地居住，和和气气地做事，白天作战的时候能够同仇敌忾，夜晚上战场能够互相信任。人心没有邪念，世间没有灾难，这时候就"化立俗成"了。

当人间的理想社会实现之后，"成鸠之制"还要"与神明体正"，以保证这种社会可以永恒长存。成鸠氏吸取之前的统治者失道亡功、倍本灭德导致亡国的教训，为不朽之国定位牢祭，用鬼神来监督。这就是《王鈇第九》中"神明"的主要含义。"与神明体正"的主要用意在于通过神妙莫测的鬼神，监督考核有限个人的功过是非。这种在现实世界之外的最高权威出现在黄老学作品之中，暗示了道家的理性主义哲学向宗教信仰转型的全新变化。之后又引出"王鈇"的概念，也是为了表明"王鈇"并非一世的权柄，而是万年不变的传承。"王鈇"为象征权柄的器物，能够世代相传。说明崇高的"神明"在"王鈇"的器物的传承下，见证的都是成鸠之制的文明光辉。由此可见，"王鈇"是与"神明"都是为了证明"成鸠之制"的永恒合理性，是鹖冠子在现实世界之外寻求的最高权威。

总的来说，"成鸠之制"是根据人情物理构建一个稳固的社会结构，用刑德来保证日常运行，将天地、神明作为终极依据，具有鲜明的"推天道以及人事"的理论特色。由于"成鸠之制"的核心是"天曲日术"，所以本篇对于天人的时间维度非常重视，而较少提及空间关联性。这也可以从"天曲日术"的名称中看出来，主要是讲"天"的规则，"日"的运行。"天用四时，地用五行"，虽然提到"五行"，但无详细说明。在之后的《泰鸿第十》中，五行的意味更加明显，时间、空间、物质的联系更加紧密，将春、夏、秋、冬的四时变化与东、西、南、北、中的不同方位，水木、金、火、土的五行因素构成相互对应的关系。

从"立化""树俗"也可以看出，《王钺第九》是对于《近迭第七》的一种发展。两篇围绕的中心都是"立化树俗"，圣人"舍天而先人"的原因在于此，"成鸠之制"的目的也在于此。但《王钺第九》中的形上色彩明显更为丰富。《近迭第七》篇中只提到了"法"的重要性，而《王钺第九》篇则通过"天地""神明"等概念来证明道法的终极合理性。

观察《王钺第九》全篇，由于"成鸠之制"的核心是"天曲日术"，所以对天人的时间维度非常重视，而较少提及空间关联性。在《泰鸿第十》中，五行的意味更加明显，时间、空间、物质的联系更加紧密，将四时的变化与空间的五方，水木金火土的五行因素构成相互对应的关系，弥补了以往论述存在的不足。将各种社会政治问题整合为更加严密的理论思考，在未来的"五正"与"大同之制"等中，可以见到其努力的线索。

第三节 前期的"天地——五正"政治观

通过武力手段除暴安良，是"成鸠之制"的重要议题之一，但这只是实现大治的手段，归宿是"刑设而不用"。社会需要规范与制度，但成员的理性自觉，才是实现自我以及社会和谐的根本解脱之道。社会治理的手段与目的、制度构建与个体精神自觉、现实的"不得已"与理想的"无为"，在《度万第八》中都得到系统的整理与论述。其"五正"理论，一方面对"成鸠之制"的内容进行了精当的提炼，在另一方面又升华了已有的认识成果，使其治国理论在理想与现实之间更具张力。

《老子》的第五十七章中说"以正治国"，将"正"作为治国的宗旨。但如何做到"正"，老子并没有详细说明。《黄老帛书·十大经·五正》中黄帝欲布施"五正"：

> 黄帝问阖冉曰：吾欲布施五正，焉止焉始？对曰：始在于身，中有正度，后及外人。外内交接，乃正于事之所成。黄帝曰：吾既正既静，吾国家愈不定。若何？对曰：后中实而外正，何患不定？左执规，右执矩，何患天下？男女毕迵，何患于国？五正既布，以司五明。左右执规，以待逆兵。

黄帝想要布施"五正"，请教阖冉应当从哪里开始，哪里结束。阖冉回答说要从自身开始，清净端正；然后中有正度，"左执规，右执矩"，将规矩作为度量的标准；后及外人。阖冉启迪黄帝应当从自身的明觉开始，然后划定整体的度量与规范，最终使精神价值光大于社会生活之中。这是内圣外王的萌芽论述。《鹖冠子》中的"五正"观念在此基础上予以了空前的发挥。"五正既布，以司五明"这句话在《度万第八》中有十分相近的说法"布五正以司五明"，说明《鹖冠子》中的"五正"观念是对《黄老帛书》的发展。《度万第八》中庞子向鹖冠子请教"五正"，鹖冠子回答说："有神化，有官治，有教治，有因治，有事治。"

> 神化者，定天地，豫四时，拔阴阳，移寒暑，正流并生，万物无害，万类成全，名尸气皇。官治者，师阴阳，应将然，地宁天澄，众美归焉，名尸神明。教治者，置四时，事功顺道，名尸贤圣。因治者，招贤圣而道心术，敬事生和，名尸后王。事治者，招仁圣而道知焉，苟精牧神，分官成章，教苦利远，法制生焉，法者使去私就公，同知壹警，有同由者也，非行私而使人合同者也，故至治者弗由，而名尸公伯。

处于最低层次的"事治"主要是以儒家、法家的思想观念为主，而"神化"则为终极的理想状态。"官治"指通过各级行政系统的有效运作，达到了"众美归焉"的和乐之境，以"教治"与"因治"的移风易俗，满足了全体社会成员的精神向往为基础。神化者在事情没有实际发生的时候就预测到其发展趋势，层次最高；而官治者根据事情的本来面目，顺应事物本性来治理。教治者通过修养自身，因治者不改变当今习俗，事治者就只能在事情进展不顺利的时候进行矫正了。

在《鹖冠子》中，多处提到神化于未有的理想政治，并引用医术的故事来说明。最高明的医术是在疾病没有发生的时候就得到预防，与"神化者"相对应。《世贤第十六》篇就是魏文王询问扁鹊医术的问题来寓意治国的道理。魏文王问扁鹊："你们兄弟三人谁最擅长医治病人？"扁鹊回答说："大哥最擅长，二哥次之，我最不擅长。"魏文王问其中的缘故，扁鹊说："大哥从人的神态来看病，病还没有成形就治好了，所以名声不出于家族。二哥从细微的毛发来看病，病情刚有显现就得到治疗，所以名声不出于乡里。我看病的时候，用针灸畅通血脉，药物攻克病毒，甚至割开肌肤治疗，才名闻于诸侯。"从疾病本身的治疗方法来说，包括预防治疗，初期轻病情治疗，和后期病重治疗三种。未有形而除之，这是最高明的医术。而大家普遍认为，把垂死之人医治好，才算得上高明的医术。治国和治病是一个道理。对于治国来说，最高境界就是"神化于未有。"

《天则第四》篇作为《度万第八》篇的分论，详细论述了"五正"的几个方面，包括：圣人之所期、化之期、政之期、教之期、事之期。其中，化之期"未令而知其为，未使而知其往，上不加务而民自尽"，可代表"神化""官治"的境界；"为而无害，成而不败，一人唱而万人和，如体之从心"的政之期可代表"教治""因治"的层次；而"使百姓释己而以上为心"的教之期和"为成求得"的事之期则属于"事治"的最低层次。

一　事治

在当时的时代背景下，招纳仁圣，设立官职，用教化与法制来管理民众，是非常普遍流行的政治措施。但在《鹖冠子》看来，这些都属于末流。根据《度万第八》中对"五正"的归类，这些都属于政治的最低层次"事治"：

> 事治者，招仁圣而道知焉，苟精牧神，分官成章，教苦利远，法制生焉。法者使去私就公，同知壹警，有同由者也，非行私而使人合同者也。故至治者弗由，而名尸公伯。

上文可以看出"事治"的主要内容：招纳仁圣，尊崇有限的知识智慧，随意修养精神，设立官职章法，教化百姓，依靠法制。实行"事治"的统治者只能称为"公伯"，是臣子，而非帝王。它与上几个层次的差别主要存在于以下三个方面。

1. "道知"与"道心术"的差别。"道知"是凭借人的智慧，那么就有可能出现《近迭第七》中说的"滑正之知"，就是以巧智、小聪明来文过饰非，甚至颠倒是非。《天则第四》中说"知足以滑正，略足以恬祸"，都表明人的分别计较之心可能走向反面，导致祸事。

"道心术"则是以心术为主。《学问第十五》中说："九道形心谓之有灵"，是将"九道"作为心的主要内容。那么人的智慧与知识就有了准则，不会随心所欲而偏于正道。《管子·心术》中说："心术者，无为而制窍者也。"将"无为"作为心术的主要内容。这些地方提到的"心术"都是指认识"道"、领悟"道"之后内心充实有据，从而指引自身的作为。

2. "教"与"化"的差别。《老子》对"礼"持批判的态度，第三十八章中言："夫礼者，忠信之薄，而乱之首。"在当时的时代中，诸侯的很多行为都违背礼，甚至打着礼的幌子做一些悖理之事。但礼乐教化究竟在哪些地方出现偏差，《老子》并没有详细说明。《鹖冠子》进一步说明了礼乐教化在目的上存在偏失，造成了本末倒置。

《天则第四》篇中说："夫使百姓释己而以上为心者，教之所期也。"即认为教化的目的在于使百姓放弃自身的立场，而以居上位的统治者的利益为主。这就偏离了"化"以民众利益为本的宗旨。《天则第四》中说："自智慧出，使玉化为环玦者，是政反为滑也。田不因地形，不能成谷，为化不因民，不能成俗。"因此"化"应当因"民"，而不应"以上为心"。否则官吏苦苦地教化民众，反而收效很小，民众也很少遵从。"彼教苦故民行薄，失之本故争于末。"因为这种"教"已经失去了根本，仅是在末节做一些努力，那么不仅费劲而且收效很小。因此，《鹖冠子》将"以上为心"的教化措施称为"教"，而将"因民"的教化措施称为"化"。

《鹖冠子》非常重视"化"，《近迭第七》《王鈇第九》篇都在讲"立化树俗"。其中涉及许多立化措施，在《王鈇第九》的"成鸠之制"中体现尤为明显，各级官员都要"以时循行教诲"。而《度万第八》篇最终将"五正"的最高层次定义为"神化者"，可以看出"化"在治理国家中的重要地位。

3. 对法的不同理解。法家所推崇的法，是为让赏罚具有公平性，约束君主根据自己的好恶来随意赏罚，目的是为了让君主更好地统治臣下。但君主也可以从自身的利益出发，用法制掠夺百姓。"事制"就是对这种现象的批评，认为法应当去除"私"的前提。而"为之以民"的圣人是其保障。

礼乐文明推崇上教下行，而法家根据法制治国。《鹖冠子》将代表两家政治观点的主要举措归入"事治",作为"五正"的最低层次,表明《鹖冠子》看到了两者的缺点,并提出了"教治""因治"的期待,希望能够建立一个贤圣统治下的道法社会。鹖冠子认为"事治者矫之于末",指出这些措施没有使社会在根本上得到治理,只能在细枝末节做一些补救。但"事治"的收效虽然微小,毕竟是在矫正,也具有一定的积极意义。

二 教治、因治

在"五正"的体系中,最高层次的"气皇"已经达到"万物无害,万类成全"的完善境界,而"神明"也是"应将然",理应发生的都会自然实现。这都可以看作一种理想的追求,而在现实世界实现起来有一定的难度。而以儒、法为主的"事治"又存在诸多弊端,因此"五正"中最具有现实意义的政治,就是"贤圣"与"后王"统治下的"教治""因治":

> 教治者,置四时,事功顺道,名尸贤圣。因治者,招贤圣
> 而道心术,敬事生和,名尸后王。

"贤圣"是《鹖冠子》中重要的政治理论。"贤圣"所处的地位不同,是"教治"与"因治"的区别之一。如果贤圣自身高居王位,尊贤一致,那么就是"教治者";如果圣贤被君王招纳,作为帝王师,尊贤二分,那么就是"因治者"。"教治"比"因治"更合理,但两者均合于道法。

教治者,置四时。四时是根据太阳与地球的运行而产生,是天之法则。其中不仅包含了春夏秋冬等自然规律,也延伸出生杀予夺等社会法则。《王铁第九》篇"成鸠之制"的各级官员的主要职责就是"以时循行教诲",按照天时以推行人事,功业便日益月长,

能与天地一样长存。四时在自然社会的各个领域都彰显其法：

> 左法仁，则春生殖；前法忠，则夏功立；右法义，则秋成熟；后法圣，则冬闭藏。(《道端第六》)
>
> 以木华物，天下尽木也，使居东方主春；以火照物，天下尽火也，使居南方主夏；以金割物，天下尽金也，使居西方主秋；以水沉物，天下尽水也，使居北方主冬；上为大都，天下尽土也，使居中央守地，天下尽人也，以天子为正。(《泰鸿第十》)

四时（春夏秋冬）不仅对应方位（东西南北中）、五行（水木金火土）、物性（生长熟藏）、人格（仁忠义圣），还对应刑德，甚至决定上下级之间交流信息的日期。由此可见，四时与自然社会生活的各个方面都息息相关，"置四时"代表着天道的基础。

事功顺道，就是遵循道来行事，而法令是四时、道的重要内容。《度万第八》中说"法令者四时之正也"，将法令看作四时的准则。《兵政第十四》中也说："贤生圣，圣生道，道生法。"可以得知，法是道的具体显现。因此，法作为四时之正，道之显明，在"教治"中占有重要意义。

"教治"的观念在《泰录第十一》中进一步展开："故师为君而学为臣，上贤为天子，次贤为三公，高为诸侯，易姓而王，不以祖籍为君者，欲同一善之安也。"从天子到三公、诸侯都应当以贤的程度来选择，而不应当以血缘、祖籍为标准。但这是理想状态，现实中更多的是"因治"，"招贤圣"辅佐君主，从而成就帝王之业。《博选第一》篇作为《鹖冠子》的首篇，便讨论了这一问题，提出"五至"说。据韩愈《读〈鹖冠子〉》中记载："《鹖冠子》十六篇，其词杂黄老刑名，其《博选》篇'四稽五至'当矣。使其人遇其时，援其道而施于国家，功德岂少哉?"① 韩愈非常推崇"五至"说，即"权人有五至：一曰伯己，二曰什己，三曰若己，四曰厮役，五曰徒隶。"根据人才能的不同，可分为百倍于自己的，十倍于自己的，和自己差不多的，供自己驱使的，以及罪徒、奴隶。对待他们的态度不同，就会招来不同的人做臣子，那么成就的功业也随之不同。

> 故北面而事之，则伯己者至，先趋而后息，先问而后默，则什己者至，人趋己趋，则若己者至，凭几据杖，指麾而使，则厮役者至，乐嗟苦咄，则徒隶之人至矣。故帝者与师处，王者与友处，亡主与徒处。

所以北面受学，执弟子之礼，才德百倍于自己的人就会到来；恭敬地快步走在别人前面，休息在别人后面，提问在别人前面，沉默在别人后面，那么才能十倍于自己的人就会到来；别人走，自己也走，那么到来的是和自己相当的人；颐指气使，那么到来的是可供差遣的役使；高兴就呼来，不高兴就呵斥，那么到来的是身负徭役、奴隶之类的人。所以皇帝和尊师交往，王侯与朋友交往，亡国之君与徒隶交往。

此节与《战国策·燕策》中郭隗说燕昭王语同。郭隗先生对曰：

> 帝者与师处，王者与友处，霸者与臣处，亡国与役处。诎指而事之，北面而受学，则百己者至。先趋而后息，先问而后嘿，则什己者至。人趋己趋，则若己者至。冯几据杖，眄视指

① （唐）韩愈：《韩昌黎全集》，中国书店 1991 年版，第 183 页。

使，则厮役之人至。若恣睢奋击，呴籍叱咄，则徒隶之人至矣。此古服道致士之法也。王诚博选国中之贤者，而朝其门下，天下闻王朝其贤臣，天下之士必趋于燕矣。

由于两者的相似性，不少学者认为《鹖冠子》因袭《战国策·燕策》，成为断《鹖》为"伪"的重要依据。如黄云眉在《古今伪书考证》中便指出两者相同的段落，加上《王铁第九》与《国语·齐语》相同的段落，《世兵第十二》篇与贾谊《鵩鸟赋》中相同的文句，认定《鹖冠子》乃后人之伪托。孙福喜辩解道："关于《鹖冠子·博选》与《战国策·燕策》郭隗说燕昭王礼贤下士一段的关系，我们从鹖冠子的活动年代来看，即使他是为赵武灵王献策，也要比郭隗说燕昭王稍微晚一点，这说明可能在郭隗、鹖冠子之前，就有'古人'行此种服道致士之法，而在战国后期，各国在纷争中广求人才之时，这种方法对郭隗与鹖冠子而言，都是他们给受他们辅佐的各自的统治者，提出的广罗人才的重要办法，也就是说，郭隗与鹖冠子也可能都引用了比他们更'古'的人的话。"①

不可怀疑，《鹖冠子》对于《战国策·燕策》进行了引用，表明《鹖冠子》赞同郭隗的观点。但这种"选贤"的观点，在当时是一种共识。这种思想可能有着比较久远的渊源，即"古服道致士之法"。因为不仅在这两本著作中，《黄老帛书·称》中也说：

帝者臣，名臣，其实师也；王者臣，名臣，其实友也；霸者臣，名臣也，其实【宾也。危者】臣，名臣，其实庸也；亡者臣，名臣也，其实虏也。

---

① 孙福喜：《鹖冠子》研究，陕西人民出版社 2002 年版，第 158 页。

　　虽然字词稍有不同，但《黄老帛书》《鹖冠子》《战国策》都表达了类似的观点，均在说明：君臣之间不同的五种关系，可能决定君主成就功业的层次。越是尊敬贤臣，成就的功业就越大，反之则有可能亡国。这种观点反映了当时的社会确实是求才若渴，而贤士也希望自己的才能得到重视，并被贤明的君主尊重。战国时期的不同文献出现同一观点，说明该观点已经比较普遍。

　　由此可见，《鹖冠子》的"五至"说可能引自《战国策》，但《战国策》中的观点也是来自"古服道致士之法"。这种观点的渊源比较久远，在战国时期已经普遍流传。因此，两者的相似性不能成为辨《鹖冠子》为伪书的依据。

　　《博选第一》作为《鹖冠子》的首篇，表明编写者对于选贤的重视。而且在"五正"的政治划分中，能够招纳"贤圣"的被称之为"后王"，而招纳"仁圣"的则称为"公伯"，前者所成就的功业明显更大。而比"后王"更高层次的是"贤圣"，贤者已经为王，实现了"上贤为天子"的理想。

三　神化、神明

　　"五正"中的最高境界被称为"神化"，主导者被尊为"气皇"；稍低的"官治"的统治者被称为"神明"。"气皇""神明"都是完美政治中的人物，是被神化了的贤圣，代表了《鹖冠子》的一种追求与寄托。

　　　神化者，定天地，豫四时，拔阴阳，移寒暑，正流并生，
　　万物无害，万类成全，名尸气皇。官治者，师阴阳，应将然，
　　地宁天澄，众美归焉，名尸神明。

　　在"神化"的状态下，消除了所有的人为痕迹，不需要有政治

作为，一切都是自然的成就，而且没有一类、一物遗弃。在"神明"的状态下，也是根据事物应然、将然的样子来成就，所以万物都有完美的归属。这些都是理想的状态，是完全自然的道法境界。

《鹖冠子》称"五正"的最高层次为"神化者"是有缘由的。"化"一直是道家哲学的重要概念。在《老子》第三十七章中说："道常无为，而无不为。侯王若能守，万物将自化。化而欲作，吾将镇之以无名之朴。无名之朴，亦将不欲；不欲以静，天下将自正。"治理国家的君王如果能够无为，那么万物会根据自身的本性来发展，自然成就。第五十七章也说："我无为，而民自化。"《老子》中多言"自化"，将民的"自化"作为一种理想的生活方式。但如何自化，化的具体内容，则较少论及。《鹖冠子》中也多次提到"化"，并将其提升为"神化"。

《鹖冠子》中"化"的内容非常丰富，包括"立化"（《近迭第七》《王鈇第九》）"神化"（《度万第八》《泰录第十一》）"独化"（《天权第十七》）等概念。老子认为"化"是道无为、而民自为的一种表现，在《鹖冠子》中，"化"的内容更加具体，就是君民遵循道法而为。如《天则第四》中说："未令而知其为，未使而知其往，上不加务而民自尽，此化之期也。"当官员不再需要发号施令，而民众就能知道做什么、怎么做，过上美好生活。

《近迭第七》中说"树俗立化"，《王鈇第九》中的"成鸠之制"也是为了"立化树俗"。而在《度万第八》《泰录第十一》篇中开始出现"神化"，提高了"化"的层次。从"化"到"神化"的提升，可以看出《鹖冠子》思想的内在发展。由此也可以推断，《度万第八》篇中的思想成熟于《近迭第七》《王鈇第九》之后。

关于"神化"境界的表述，除了"五正"之外，《度万第八》中还有一段描述："唯圣人能正其音、调其声，故其德上反太清，下及泰宁，中及万灵，膏露降，白丹发，醴泉出，朱草生，众祥具，故万口云，帝制神化，景星光润。"可见在"神化"境界中，除了能够万类成全之外，还有祥瑞的现象发生。在《泰鸿第十》中的泰一是执行的是"大同之制"，由于他已经正"神明"之位，从中可以看出"神明"政治的概貌：结合阴阳四时的运行，五范的秩序（东西南北中的方位、宫商角徵羽的顺序与万物生长消亡的相对应），五官六府各尽其职，合理使用刑德、法度。由于人本身清净，所以"毋易天生，毋散天朴"，注重"爱精养神"。秩序井然，天下人"所乐同名"，便是理想的"大同之制"。

《鹖冠子》中包含着丰富的"神明"观，全书 19 篇中，在《博选第一》《度万第八》《王铁第九》《泰鸿第十》《泰录第十一》《世兵第十二》《兵政第十四》《天权第十七》《能天第十八》，共 9 篇中均出现"神明"的复合词，而在《环流第五》也分别出现了神、明的单独词语。余者《近迭第七》篇中提到"神灵威明"，《学问第十五》篇中有"神征"，《世贤第十六》篇中也提到"鬼神"，仅有《著希第二》《夜行第三》《天则第四》《备知第十三》4 篇没有提到"神"的相关概念。

"神明"作为《鹖冠子》中的重要概念，其内涵也不断深化。在《近迭第七》篇中讲"神灵威明"，所言不多，但已经具有了法的内涵。发展到《兵政第十四》中，"神明"则是由道、法而出，说"贤生圣，圣生道，道生法，法生神，神生明"。这种理解在其他篇章中也得到表述，如《世兵第十二》中说："天不变其常，地不易其则，阴阳不乱其气，生死不偾其位，三光不改其用，神明不徙其法。"正如天地有常道，阴阳具有节气的更替，神明也不改变自身的法则性。《环流第五》中说："法之在此者谓之近，其出化彼谓之远。近而至故谓之神，远而反故谓之明。"道法所具有的神妙明达的作用远近不所不及，被称为神明。

在《王铁第九》篇中，"神明"包含神灵的色彩比较浓厚，大篇幅谈及神灵，祭祀，如果违背神明，就会"灵不食祀"。由此可见，此篇中的"神明"是作为鬼神的意义上来讲。法则的意义与神灵的内涵相互渗透，最后道法就具有了神妙、神圣的意味。当气成为宇宙的最终依据时，神明也与气相结合，精微的气成为神明的物质作用基础。《泰录第十一》中说："神明者，积精微全粹之所成也。"已经具有了气的内涵。从神明的内涵转变角度来说，《王钛第九》中的思想成熟于《度万第八》《泰录第十一》之前。最高的神明就是元气的昭著显明神妙莫测，《泰录第十一》的"神明者，积精微全粹之所成也"命题，明确地定位在了对宇宙崇高本质的敬畏领域，提升了《王钛第九》仅涉及神灵与祭祀的"神明"内涵。

总的来说，"神明"是从神灵、道法、气的三层意义上讲。道法是神明之所以神妙明达的内核，而精微的气是神明发挥奇妙功能的物质基础，神灵为神明增添了神秘的宗教气息。

第四节 后期泰一、气论下的"大同之制"

学派后期是以北斗、泰一论为中心的，对应具体的政治构建是九皇、大同之制。九皇、大同之制深化了重贤、为民、法自然的道法内涵，提出"为之以民""上贤为天子"的重要命题。同时，圣王以名号来彰显道法，规范社会生活。《泰鸿第十》中，泰一作为九皇的老师，执"大同之制"。泰一已经正神明之位，实现了阴阳四时的运行，东西南北中五方的空间、宫商角徵羽的顺序与万物生长消亡相对应的五范的秩序的规范化，以及五官六府各尽其职与合理使用刑德、法度的结合。由于清净是自我的先验属性，"毋易天生，毋散天朴"且"爱精养神"的个人，就能成就一切社会成员"所乐同名"秩序井然的"大同之制"。

一 为之以民，道之要也

《鹖冠子》以道法为根本依据，但对法的理解与商、慎、韩等法家不同。《商君书·更法》中探寻的是"使民之道"，而非为民之道，《韩非子》更是以"人主"为纲，而非以民为本。商鞅、韩非子的法制是为了弥补人治的缺陷，法成为"人主"治理社会的有效工具。而《鹖冠子》中的法制来源于"道"，且要"为之以民"，这是道法政治中最为核心的观念。

《鹖冠子》继承《道德经》"圣人无常心，以百姓心为心"的观念，进一步明确了民在道中的根本地位，《天则第四》中说："为之以民，道之要也。唯民知极，弗之代也。"陆佃注解此句"民之所未安，圣人不强行，民之所未厌，圣人不强去。夫因人而不自任者，天也，民实知极，圣人岂侵越而代之？大司徒曰，使民兴贤，出使长之，使民兴能，入使治之"。将民众利益作为行为准则，这是道法的关键。圣人的作为要以民众是否适宜为依据，不勉强推行民心不安的政策，也不强行禁止民众尚且认可的内容。一切都以民众需求为主，而非坚持统治者自身的意志。民众完全明白大道，圣人不要越俎代庖。民众会自我推举贤能，达成大治。《鹖冠子》进一步明确了道法政治的关键，圣人"为无为"，"为"是为了民众，"无为"是不扰乱民众。贤能也是来自民众，依靠民众，为民众而为。

圣人的最终目的是成就万民，使万民各有所用，各施其才，而万民的归附也是德行的最高体现。《道端第六》中言："时君遇人有德，君子至门，不言而信，万民附亲，遇人暴骄，万民离流。"万民的归附或者流离可以看作行政者有德无德的直接表现。君王应当"亲其民如子"，那么民众就会"弗召自来"。在治理社会的过程中，如果采取的一些政策法令不是从民众的立场出发，不符合民众利益，那么就不能实施流行，更不能长久。"田不因地形，不能成谷，为化不因民，不能成俗"（《天则第四》），因此理想的状态应当是治理社会的人还没有颁布法令，民众就知道怎么做；还没有驱使，民众就知道往哪里去；统治者没有人为的管理措施而民众自己就生活得很好，这才是无为的境界。"未令而知其为，未使而知其往，上不加务而民自尽，此化之期也。"（《天则第四》）这都是建立在统治者以民为本，上下利益一致的基础上。统治者几乎"无为"，而民众自己就能实现好的生活。

《鹖冠子》以民为本的道法政治，挣脱了君主利益的窠臼，同时主张官民同享一法，成为彰显万物自性及自由的依据。但这种"为之以民"的道法政治，在传统等级社会中并非被所有人认同。以民为本的法制，尊重每一个体，甚至官民同法，和传统法制体系格格不入。宋代《周氏涉笔》就从这个角度批判《鹖冠子》妄论王政：

> 先王比闾起教，乡遂达才，道广法宽，尊上师下，君师之义然也。今自五长，里有司，扁长，乡师、县啬夫，郡大夫，递相传告，以及柱国令尹，然动辄有诛，柱国灭门，令尹斩首，举国上下，相持如束湿，而三事六官，亦皆非所取，通与编氓用三尺法，此何典也？处士山林谈道可也，乃妄论王政，何哉？

《周氏涉笔》的作者首先关注到《鹖冠子》的重要特征，即道广法宽，然而接下来他认为《王铁第九》对官员的刑罚太苛刻，高级官员柱国、令尹动辄要面临斩首、灭门的刑法，而且官民同法，简直是妄论王政。殊不知道法正是贯穿《鹖冠子》全书的主线，"为之以民"基础上法的正义性与普遍性也是其寻求的核心价值之一。明初著名学者宋濂就十分反对周氏的看法，在《宋濂文粹》中反驳说：

> 周氏讥其以处士妄论王政，固不可哉！第其书晦涩，而后
> 人又杂以鄙浅言，读者往往厌之，不复详究其义。所谓天用四
> 时，地用五行，天子执一，以守中央，此亦黄老家之至言。使
> 其人遇时，其成功必如韩愈所云。

宋濂认为《鹖冠子》本来言语晦涩，后人又增添删改，如果不仔细阅读就不能真正领悟核心义理。周氏没有通晓文义，就加以贬斥，可见士人喜欢胡说八道的程度。宋濂认为《鹖冠子》乃是黄老学至言，且对现实政治非常有指导意义。

《周氏涉笔》批驳《鹖冠子》"妄议王政"，表明"为之以民"前提下的道法政治和"家天下"基础的君主血缘政治存在根本差异。春秋战国纷争，道术为天下裂，诸子百家学说林立，从不同的理论角度构建理想社会。但随着秦汉大一统的建立，家天下的血缘政治逐步巩固，"三纲五常"君父之权逐渐占据上风，"通与编氓用三尺法"的道法政治岂非不合时宜？这大概也是《鹖冠子》在战国纷争时代产生，却没有在后世受到重视并广泛流传的原因。

二 上贤为天子

"道生法"确立了道乃法的终极依据，而"为之以民"则是"道之要"，道法的关键内容。"圣生道"说明圣人因道立法，作为道法政治的立法者与领导者，需要贤能与权位的统一，因此倡导"上贤为天子"。对于以贤能论权位的观点，陆佃认为"尧授舜，舜授禹，用此道也"，三代禅让制正与此相符。至此道法政治实现了民、贤、君的价值一致性，且有上古依据。

首先《鹖冠子》对春秋战国政治乱象进行了深入解析，并提出了解决方案。在《近迭第七》中，鹖冠子认为民富兵强的大国不能夺取天下的原因是"君不贤而行骄溢"。《著希第二》中也将"乱世"与君主的"骄行"联系起来讲。《备知第十三》直接言明："彼世不传贤，故有放君，君好偄阿，故有弑主。"不能根据贤能程度来选择君主是造成社会纷争的重要原因，成为阻碍社会进步的首要问题。因此如何选择统治者、构建合理体制是最重要的政治问题。《鹖冠子》提供了三种解决问题的方案：

第一，贤者为王。《泰录第十一》中说："故师为君而学为臣，上贤为天子，次贤为三公，高为诸侯，易姓而王，不以祖籍为君者，欲同一善之安也。"直接说明从天子到王侯，都应以贤明程度来决定统治地位，而不应以血统为标准。这样圣人成为统治者，就是"圣王"。这是《鹖冠子》中的最高理想人格，类似于柏拉图的"哲学王"。

第二，圣贤为帝王师。由于"上贤为天子"在现实的实施过程中面临阻力，且出于治理国家的需求，当权者一般会积极招贤纳才，即以圣贤之人作为帝王的老师。这种观点在《博选第一》中得到充分重视，首篇《博选第一》便提出圣贤以"博选"为本，而"博选"以"五至"为本，确立选贤的重要性。对待贤人的态度不同，成就的功业也相应不同。只有将圣贤当作老师来尊重，才能成就帝王之业。这样的话，虽然当权者在发号施令，但圣贤是政策的实际制定者，在效用上接近第一种思路，而且没有触动当权者的统治身份与利益，所以在现实中更容易被采用。

第三，以道法、法治来分散、限制君王的个人权力。但需要注意的是，圣贤作为道法的领悟者和执行者，不可或缺。《鹖冠子·度万第八》中就对法家的以法"行私"提出了批评，认为君主以法制挟制百姓满足自己私欲，因此并不是理想的统治。《鹖冠子》

认为法来源于道，"道生法"（《兵政第十四》），因此具有终极合理性。自然存在的万物根据其本性自我发展，每一个体都是独立、平等的，民众也不例外，没有人能够决定他人利益。圣人因道立法，这才是真正的法治。

从以上三个方面可以看出，《鹖冠子》解决时局困境的方案都涉及圣贤观，对圣贤的重视贯穿全书。《博选第一》篇作为《鹖冠子》的首篇，提出"五至"说，讨论如何选贤与能，在此基础上实现天下大治。据韩愈《读〈鹖冠子〉》中记载："《鹖冠子》十六篇，其词杂黄老刑名，其《博选》篇'四稽五至'当矣。使其人遇其时，援其道而施于国家，功德岂少哉？"[1] 韩愈非常推崇"五至"说，即"权人有五至：一曰伯己，二曰什己，三曰若己，四曰厮役，五曰徒隶。"根据人才能的不同，可分为百倍于自己的，十倍于自己的，和自己差不多的，供自己驱使的，以及罪徒、奴隶。对待他们的态度不同，就会招来不同的人作臣子，那么成就的功业也随之不同。

> 故北面而事之，则伯己者至，先趋而后息，先问而后默，则什己者至，人趋己趋，则若己者至，凭几据杖，指麾而使，则厮役者至，乐嗟苦咄，则徒隶之人至矣。故帝者与师处，王者与友处，亡主与徒处。

所以北面受学，执弟子之礼，才德百倍于自己的人就会到来；恭敬地快步走在别人前面，休息在别人后面，提问在别人前面，沉默在别人后面，那么才能十倍于自己的人就会到来；别人走，自己也走，那么到来的是和自己相当的人；颐指气使，那么到来的是可

---

① （唐）《韩昌黎全集》，中国书店1991年版，第183页。

供差遣的役使；高兴就呼来，不高兴就呵斥，那么到来的是身负徭役、奴隶之类的人。所以皇帝和尊师交往，王侯与朋友交往，亡国之君与徒隶交往。

"贤圣"所处的地位不同，是《度万第八》中五正政治论"教治"与"因治"的区别之一。如果贤圣自身高居王位，尊贤一致，那么就是"教治者"；如果圣贤被君王招纳，作为帝王师，尊贤二分，那么就是"因治者"。"教治"比"因治"更合理，但两者均合于道法。《兵政第十四》说明圣人能够认识万物本质，知晓道的规律，遵循道的法则，彰显于世人一种公正的政治。圣人的尊崇地位由道法赋予，具有根本的合理性，因此可以超越血缘等关系，成为最高统治者。进而在《泰录第十一》中提出了"故师为君而学为臣，上贤为天子，次贤为三公。高为诸侯，易姓而王。不以祖籍为君者，欲同一善之安也"的精深论断，以贤能定尊卑的主张旗帜鲜明地否定了血统论。从天子到三公、诸侯都应当以贤的程度来选择，而不应当以血缘、祖籍为标准。最圣贤的人作为天子，上知天文，下知地理，对外能文武征伐，对内能任贤使能。这样的君主是贤明的，能够物尽其用，人尽其才。这种观念在《能天第十八》更加发展为"道者，开物者也，非齐物者也。故圣，道也，道非圣也。道者，通物者也，圣者，序物者也。是以有先王之道，而无道之先王"的思想，积极彰显了主体的积极能动作用。

这种观点与《墨子》中"尚贤""尚同"的观念十分类似。《墨子·尚贤》中说："是以知尚贤之为政本也。"将招纳、尊重贤人作为政事的根本。《墨子·尚同》中说：

> 是故选天下之贤可者，立以为天子。天子立，以其力为未足，又选择天下之贤可者，置立之以为三公。天子三公既以立，以天下为博大，远国异土之民，是非利害之辩，不可一二

而明知，故画分万国，立诸侯国君，诸侯国君既已立，以其力为未足，又选择其国之贤可者，置立之以为正长。

从天子到三公、诸侯、正长均是选贤而立，与《泰录第十一》中"上贤为天子"的意思一样，是以圣贤程度来决定地位。不过《墨子》从天子到正长都只说"贤可"，而《鹖冠子》说得更为明白，最贤的做天子，次贤的做三公，不以祖籍为选择标准，圣贤程度是决定地位高低的唯一因素。由于两者的相似性，历史上曾出现过《墨子》与《鹖冠子》编为一书的情况。根据《郡斋读书志》的记载，《鹖冠子》曾有一个传本：前三卷十三篇，与《墨子》书相同；中三卷十九篇，是陆佃解所依据的文本；后两卷有十九论，多引用汉代以后发生的事。由此可见，古人也认为两书有很强的类似性，才将两书编在一起。

在《鹖冠子》道法政治价值体系中，民、贤、君是一致的，不存在民与君或者贤与君的矛盾。但强调以"人主"为纲，注重"使民之道"的法家，不仅存在君、民之间的矛盾，也存在着君、贤之间的矛盾，如《慎子》认为"立君而尊贤，是贤与君争，其乱甚于无君"，要"君立则贤者不尊"。贤与君的矛盾，在君主世袭制度中表现尤为明显。而重君轻贤则显示了法家之"公"的有限性，说明公平不过是在"君"前提下而言，并非天下之公，人人之公。那么所谓分配的公平性也是仅是在君主一人一家之利的基础上，大大小小的在位者分配一国之利的默契，而非全民等同的契约。

产生这种差别的根本原因，在于法家与道法家对于"天下之公"的理解不同，那么"公"的代表也不同。前者以"君"为纲要，而后者以"民"为核心，并力求君、贤、民的统一性。"上贤为天子"标志着德、才、位的统一，代表了社会政治的公正，但这只是一种美好的理想。如何衡量贤明的程度，以区别上贤、次贤，并没有具体的说明，更没有制定一套具体措施来保障圣贤的权位。但正是这种理想政治的追求推动思想家们对权位的合理合法性不断进行思考，进而推动着社会的进步。

三　尊卑名号，自君吏民

"名"主要是指以文字称谓冠以事物称号，从而区分事物种类，判定性质，赋予价值意义。法作为事物的内在规定性，需要通过名显现出来。名、法的结合运用，一直受到黄老学的重视。《管子·白心》中言："名正法备，则圣人无事。"《尹文子·大道下》中也引申老子的话来说明："以政治国，以奇用兵，以无事取天下。政者，名法是也。以名法治国，万物所不能乱。"两者均是将名、法作为政治统治的核心内容。司马谈《论六家要旨》中所说的道德家，其中一个重要特征便是"撮名、法之要"。由此可见，法、名是作为内在规定性与外在显现交互作用，成为政治学说的重要内容。

《黄老帛书》中多次深入讨论"形名""名理"等相关概念，并以"循名复一"为核心观念。相对而言，《黄老帛书》与《鹖冠子》两者在共重名、法的前提下，《黄老帛书》更侧重于名，而《鹖冠子》更强调法。但《鹖冠子》也没有忽视名的讨论。由于《鹖冠子》文献并非一人之作，所以"名"的相关概念也显得非常多样化。有当名、名号、还名、形名、纪名、名理六种之多，各有其自身内涵。

在学派前期，对名的认识以当名为主。当名，是名副其实的意思，根据本质特性各行其是。《度万第八》中说："神备于心，道备于形，人以成则，士以为绳，列时第气，以授当名。"《王铁第九》中也说："天者因时其则也，四时当名代而不干，故莫弗以为必然。"道的普遍法则反映于阴阳运行表现出来的节气与时令的变迁方面，节气历法就是对此的系统化认识的结果。人们根据四时阴阳之气的变化授予其名称，每一时节的名称不仅包含了自然规律的认识，同时也具有社会生活的指引。日、月、星的运行导致四时变化，人们按照春夏秋冬以及节气变化来认识天文气候规律，并采取相应的社会生活准则。

在学派后期，更多地讨论名号与纪名。"纪名"指设立名称，制定名分。圣人设立名分，名理得以规范。然后万物之形才得以正，人间的尊卑得以立。纪名不仅指客观的自然秩序，同时指人类社会的价值规范以及制度。《泰录第十一》中说："分物纪名，文圣明别，神圣之齐也"，对事物的不同性质做出区分，并冠以名称，代表着文明的重要开始。因此"故文者，所以分物也；理者，所以纪名也；天地者，同事而异域者也。"天地作为文理的代表，文表明了事物的差异，以及人们的具体认识，而理则将这种认识用名称概念的方式系统化。圣人通过纪名，可以是深化认识事物，同时达到规范社会秩序的有效目的。

《天则第四》中说："尊卑名号，自君吏民。次者无国，历宠历录。副所以付授，与天人参相结连，钩考之具不备故也。"而君臣在社会中的地位尊卑之分，通过"名号"表现出来。贤尊而不肖卑，这种名号是要从君到民，贯彻一致的，因此"上贤为天子"才具有合理性。如果不正名号，就会扰乱天人关系，导致丧国。与当名相比，纪名、尊卑名号更注重社会中的规范秩序，将形名的客观性与价值性统一起来。

《尹文子·大道上》对名、法做了一个总结，可以与之对应说明《鹖冠子》的名、法特色：

名有三科，法有四呈。一曰命物之名，方圆白黑是也；二曰毁誉之名，善恶贵贱是也；三曰况谓之名，贤愚爱憎是也。一曰不变之法，君臣上下是也；二曰齐俗之法，能鄙同异是也；三曰治众之法，庆赏刑罚是也；四曰平准之法，律度权量是也。

尹文子将名划分为三，法列为四。名包括对事物的客观描述、社会的道德价值判断以及情感状况的说明。《鹖冠子》对这三方面均有涉及，"纪名"是命名事物的特征，"尊卑名号"是毁誉之名，"有人之名，则同人之情"则说明了贤愚爱憎等情感本质。关于法，《鹖冠子》赞同《尹文子》的后三种：度量之法、赏罚之法、齐俗之法，而对第一种君臣上下的"不变之法"，有更灵活全面的认识。《鹖冠子》认为君臣之间是师友关系，而不只是上下关系。同时君臣关系是以贤能程度为准则，理想状态应该是贤者为君，而非血统祖籍决定，因此具有变化性。另外，《尹文子》虽然讲了名、法的种类，但没有它们的来源依据。《鹖冠子》将名、法来源于道、天、一，表现了其理论高度。由于道、天、一无所偏倚，那么名、法也相对更具有公平性与合理性。

由于《鹖冠子》认为自然与社会法则具有一致性，因此对于客观事物之名与表征社会价值的认识往往也是贯通的，如纪名就不仅包括事物名谓，也包括了贤不肖尊卑等社会价值标准。从主要表征四时气时变化的当名，到尊卑名号，对名称在社会规范秩序中重要性的认识逐步深入，显明了道法的内在特性。

从《管子》到《黄老帛书》再到《鹖冠子》的制度建设明晰，是黄老学对老庄道家的贡献之一。早期的《近迭第七》暗含了两条潜在的线索："舍天而先人"，"不百其法者，不能为天下主"。这两条线索在《兵政第十四》中得到凝练的说明："贤生圣，圣生道，道生法，法生神，神生明。"说明由于圣人掌握了道法，因此能够神妙明达。这些思想线索在《王铁第九》《度万第八》《泰鸿第十》中得到具体阐发，建立了结构层次井然分明的系统。《王铁第九》建立了以"天曲日术"为核心，包括"人情物理""啬万物""与天地总""与神明体正"几个方面的"成鸠之制"；《度万第八》提出了完善的"五正"政治论，依据道法的实践程度分为神化、官治、教治、因治、事治几个层次，无论是现实制度还是理想境界都被囊括其中，显示了多层次的理论包容性。《泰鸿第十》中也将阴阳四时、五方五行、五音五色五味的彼此对应，贯通了自然社会法则，成为黄老学构建社会秩序的原则。这些内容不仅具体化了《管子》《黄老帛书》曾提到的"道法"思想，而且更加重视在现实生活中的政治制度的完善。

同黄老学的其他作品一样，《鹖冠子》也存在着大致相同的欠缺。主要表现为个体不是道法制度中的主体，因此与现代的民主政治明显有别。而圣贤作为道法政治的执行者，自上而下实行有效管理，又始终缺少对民众的监督问题的把握。这样，缥缈的神明产生的吉凶祥瑞等，虽然具有制衡评价君主的功过是非的作用，但是不可避免地出现天人对立的矛盾。如何贯彻社会正义对于时人或后人而言，依然是一个十分棘手的重大问题，直至今天还在困扰着人们的神经。

结　语

　　《鹖冠子》是一部反映鹖冠子学派思想的黄老学著作，相继成书于周末汉初时期。全书基本围绕着道法、重贤、为民的核心观念展开，不仅丰富了"道"的认知，提出"四稽""九道""道之要"等观念；更将"道"落实于"法"，"贤生圣，圣生道，道生法"（《兵政第十四》），并建构了理想的道法制度"成鸠之制""大同之制"，论及"五正"的政治评价体系；为道法寻求终极形上依据，出现了"天地""北斗""气""一""泰一"等系列概念；最后，圣贤作为彰显道法的主体，因为领悟道而具有权力合法性，以至于"上贤为天子"（《泰录第十一》）；同时由于神圣之人贯通了天地精神，可以"卫精、擢神、致气"，从而实现了现实生命有限性的超越，与天地长存。与道合"一"的圣人逐步被神化，能够"使神明""王百神"。随着理论的发展成熟，"一"的观念逐步上升至"泰一"，成为汉初的官方宗教信仰。

　　本书的研究特色在于：结合对话、论述两种文体，将《鹖冠子》全书除去《世贤第十六》《武灵王第十九》（此两篇为关于庞子的对话）外的十七篇分为三个部分、两个时期：《博选第一》《著希第二》《夜行第三》《道端第六》《近迭第七》《度万第八》《王铁第九》《备知第十三》《兵政第十四》《学问第十五》属于学派前期，以天地（阴阳）为法则依据；《天则第四》《环流第五》《泰鸿第十》《泰录第十一》《世兵第十二》《天权第十七》《能天第十八》属于学派后期,出现了北斗、泰一、气这些新的形上依据。这两段时期的划分主要是从学派思想的发展角度,从时间上来说,可能是同时而稍晚。前期篇章的成书时间不会晚于汉前,而后期篇章的下限在汉初。

总的来说,《鹖冠子》一书的思想从以下五个方面,推动了道家以及整个哲学史的发展。

第一,彰显了人的主体积极性。《黄老帛书·姓争》中说:"作争者凶,不争亦毋以成功。"黄帝通过战争平定天下,使百姓安乐。因此肆意挑起争端会有不好的结局,但不积极作为也不会成功。《鹖冠子》非常重视"贤圣"主体能动性的发挥,认为圣人能够合"道""人"为"一",自然社会秩序才得以显明,否则空余"无己"之"道",就没有任何现实意义。在《兵政第十四》中言:"贤生圣,圣生道,道生法,法生神,神生明",说明道法需要通过圣人才能彰显于世。这种观念在《能天第十八》发展为"道者,开物者也,非齐物者也。故圣,道也,道非圣也。道者,通物者也,圣者,序物者也。是以有先王之道,而无道之先王"的思想。由于圣人"后天地而生,而知天地之始,先天地而亡,而知天地之终"(《能天第十八》),能够与天地精神相往来,进而修养身心,通过"卫精、擢神、致气"(《泰录第十一》),达到"主神明""灵鬼神"的境界(《能天第十八》)。圣人至此开始神化,具有宗教色彩,并为道教的神仙理论开辟了道路。

第二,丰富了"道生法"的黄老学核心观念。首先,"道"的虚无之本落实于"法"之具体,既传承了"道"高妙深远的哲学思维,又关注具体之"用"的实施途径,"本""用"通过"法"联结起来,完善了《道德经》中从"无为"达到"无不为"的行为准则。其次,"法"在"道"的依据下得以丰富和完善，贯通自然、社会与人情，而具有了深邃广阔的哲学意蕴，弥补了法家原本存在的理论偏颇。最后，认识掌握了"道法"的圣贤，自然具有了治理社会的合理合法性，"上贤为天子"彻底消解了君、贤之间的矛盾，"为之以民"也成为彰显万物自性及个体自由发展的依据。

第三，气论的进一步系统化。"气"逐步抽象为普遍物质的代表，在《鹖冠子》中有明显的发展线索。由于《鹖冠子》篇章成书于不同的历史时期，也反映了不同地域的黄老思想，因此出现了多种生成论图景。《度万第八》提及"天地—水火—阴阳之气—万物"的生成次序，阴阳之气由天地水火的交互作用产生。而《环流第五》论及"有一而有气"，《泰录第十一》认为"天地成于元气"。可见随着理论的逐步成熟，"气"论成为《鹖冠子》后期的核心观念，贯通了万物起源、人间秩序以及身心养炼。

第四，构建了道家的具体政治制度。在以天地为法则的学派前期，《王鈇第九》建立了以"天曲日术"为核心，包括"人情物理""啬万物""与天地总""与神明体正"几个方面的"成鸠之制"；《度万第八》提出了完善的"五正"政治论，依据道法的实践程度分为神化、官治、教治、因治、事治几个层次，无论是现实制度还是理想境界都被囊括其中，显示了多层次的理论包容性。学派后期《泰鸿第十》论及"大同之制"，还提出了"易姓为王"的进步学说。

第五，综合儒、墨、名、法、阴阳各家之说。《吕氏春秋》已经融合儒、道、墨、阴阳等多家之说，成为战国末期诸子学的集大成者。《黄老帛书》《管子》均吸收了诸家学说，融会贯通。《鹖冠子》书中也反映了这种理论特征。《学问第十五》将道具体化为"九道"：道德、阴阳、法令、天官、神征、伎艺、人情、器械、处兵。圣人要以道德为行为标准，明白阴阳气的运行、天文地理、风俗人情、技术装备以及兵道。九道将阴阳家、法家、兵家的一些观点融入其中。总的来说，《鹖冠子》合理吸收了儒家的礼义思想，但认为教化忽略了人的自然本性，因此"彼教苦故民行薄"，造成了本末倒置。贯彻了法家的令行禁止，但重新以"道""民"为本对法的来源与目的进行了界定，设立了"为之以民"的政治原则，防止法作为君主统治工具而助纣为虐。推崇墨家的"尚贤"思想，甚至认为"上贤为天子"，但又对其天道鬼神观进行了摒弃。在这些理论的批判继承中，端正本末，肃清本源，构建法则，以求最终达到理想和乐的大同社会。

黄老学继承诸子之学，开魏晋之风、道教之源，在中国哲学史上具有重要的理论意义。《鹖冠子》继承《老子》中的"道德"，详细说明了道的内容"九道"，为圣人能够更好地践行道德明确了方向。同时深化了自然的观念，认为自然与社会法则具有一致性，因此在社会生活以及个人修养方面，按照道法而为即是"无为"，彰显了积极理性的实践精神。书中构建了多种具体的政治制度，为黄老学能够成为汉初的统治学说，提供了理论资源。自然与社会法则的一致性观念，作为天人同构思想的重要部分，深深地影响了中国的传统思维。重贤、为民、法自然的道法政治内涵也在稳固社会结构、维持正义方面发挥了一定的作用。气、精神与圣人修养的密切关系在《太平经》中得到进一步发扬，成为道家养炼学说的重要组成部分。

但《鹖冠子》的思想也存在很多不完善的地方。道法强调自然与社会法则的一致关联性，但在此基础上产生了祥瑞、灾异说，导致了汉代谶纬的泛滥。虽然提出了"上贤为天子"的说法，但如何衡量贤明的程度以及保障贤人的权位，并没有具体可行的措施。圣人虽然"为之以民"，但缺少了民众监督问题的把握。而本书主要从篇章结构、形上学、圣王观、政治观几个方面对《鹖冠子》的思想进行考察，很多相关的思想因素，如大同之制与《礼记·礼运》的关系，精气神学说与《太平经》之间的关系等，均有待于研究的持续开展。

参考文献

一 原典

班固：《汉书》，中华书局 1997 年版。

陈鼓应：《黄帝四经今注今译》，商务印书馆 2007 年版。

陈奇猷：《吕氏春秋校释》，学林出版社 1984 年版。

范晔：《后汉书》，中华书局 1997 年版。

郭庆藩：《庄子集释》，中华书局 2004 年版。

黄怀信：《鹖冠子》汇校集注（附通检），中华书局 2004 年版。

李定生、徐慧君：《文子校释》，上海古籍出版社 2004 年版。

连云港市博物馆、中国文物研究所：《尹湾汉墓简牍》，中华书局
    1997 年版。

刘宝楠：《论语正义》，上海古籍出版社 1993 年版。

陆佃：《〈鹖冠子〉注》，北崇文书局开雕，光绪年间。

祁玉章：《贾子新书校释》，中国文化杂志社 1974 年版。

睡虎地秦简整理小组：《睡虎地秦简》，新华书店 1977 年版。

司马迁：《史记》，中华书局 1997 年版。

孙诒让：《墨子闲诂》，中华书局 2001 年版。

孙诒让：《周礼正义》，中华书局 1987 年版。

王明：《抱朴子内篇校释》，中华书局 1985 年版。

王明：《太平经合校》，中华书局1960年版。

王先谦：《荀子集解》，中华书局1992年版。

吴九龙：《银雀山汉简释文》，文物出版社1985年版。

徐元诰：《国语集解》，中华书局2002年版。

杨伯峻：《春秋左传注》，中华书局1981年版。

张家山汉墓竹简整理小组：《张家山汉墓竹简》，文物出版社2001
　　年版。

张双棣：《淮南子校释》，北京大学出版社1997年版。

朱谦之：《老子集释》，中华书局1991年版。

　　二　研究著作

白奚：《稷下学研究——中国古代的思想自由与百家争鸣》，生活·
　　读书·新知北京三联书店1998年版。

曹峰：《近年出土黄老思想文献研究》，中国社会科学出版社2015年。

陈丽桂：《秦汉时期的黄老思想》，文津出版社1997年版。

戴卡琳：《解读〈鹖冠子〉——从论辩学的角度》，杨民译，辽宁教
　　育出版社2000年版。

丁原明：《黄老学论纲》，山东大学出版社1998年版。

董楚平：《吴越文化新探》，浙江人民出版社1988年版。

葛兆光：《七世纪前中国的知识、思想与信仰世界》，《中国思想史
　　第一卷》，复旦大学出版社1998年版。

葛志毅、张惟明：《先秦两汉的制度与文明》，黑龙江教育出版社
　　1998年版。

关志国：《道家黄老学派法哲学研究》，中国社会科学出版社
　　2016年。

胡家聪：《管子新探》，中国社会科学出版社1995年版。

胡家聪：《稷下争鸣与黄老新学》，中国社会科学出版社1998年版。

胡文辉：《中国早期方术与文献丛考》，中山大学出版社 2001 年版。

金春峰：《汉代思想史》，中国社会科学出版社 1997 年版。

李零：《长沙子弹库战国楚帛书研究》，中华书局 1985 年版。

李零：《李零自选集》，广西师范大学出版社 1998 年版。

李申：《道教本论（黄老、道家即道教论)》，上海文化出版社 2001 年版。

李笑岩：《先秦黄老之学渊源与发展研究》，上海古籍出版社 2018 年。

李学勤：《简帛佚籍与学术史》，江西教育出版社 2001 年版。

林冬子：《〈鹖冠子〉研究》，宁夏人民出版社 2016 年版。

刘国忠：《五行大义研究》，辽宁教育出版社 1999 年版。

刘乐贤：《简帛数术文献探论》，湖北教育出版社 2003 年版。

强昱：《知止与照旷》，宗教文化出版社 2004 年版。

饶宗颐、曾宪通：《长沙子弹库楚帛书研究》，中华书局 1993 年版。

饶宗颐、曾宪通：《楚地出土文献三种研究》，中华书局 1993 年版。

孙福喜：《〈鹖冠子〉研究》，陕西人民出版社 2002 年版。

王葆玹：《黄老与老庄》，中国人民大学出版社 2012 年版。

王葆玹：《老庄学新探》，上海文化出版社 2002 年版。

王中江：《根源、制度和秩序——从老子到黄老》，中国人民大学出版社 2018 年。

吴根友：《道家思想及其现代诠释》，上海交通大学出版社 2018 年。

吴光：《黄老之学通论》，浙江人民出版社 1985 年版。

武家璧：《观象授时——楚国的天文历法》，湖北教育出版社 2001 年版。

萧汉明：《阴阳大化与人生》，广东人民出版社 1998 年版。

熊铁基：《秦汉新道家》，上海人民出版社 2001 年版。

熊铁基、马良怀、刘韶军：《中国老学史》，福建人民出版社 1995

年版。

余明光：《黄帝四经与黄老思想》，黑龙江人民出版社 1989 年版。

俞兆鹏：《中国伪书大观》，江西教育出版社 1998 年版。

三　期刊论文

曹旅宁：《〈鹖冠子〉述评》，《青海师范大学学报》（社会科学版）
　　1988 年第 4 期。

陈亚秋：《近年来〈鹖冠子〉研究综述》，《学海》2002 年第 3 期。

大形彻：《鹖冠子——空想永久之国的隐士》，《东方宗教》1982 年
　　第 59 期。

杜宝元：《〈鹖冠子〉研究》，《中国历史文献研究集刊第五集》，岳
　　麓书社 1985 年。

葛瑞汉：《〈鹖冠子〉：一部被忽略的汉前哲学著作》，杨民译，《清
　　华汉学研究》第一辑，清华大学出版社 1994 年版。

郭梨华：《〈鹖冠子〉哲学中“道论”之探析》，《管子学刊》2008
　　年第 1 期。

黄汉光：《战国时代黄老之学在楚国的发展——〈鹖冠子〉的研
　　究》，《鹅湖学志》2002 年第 28 期。

雷欣翰：《“神明”与“道法”——以〈鹖冠子〉为中心的考察》，
　　《江西社会科学》2017 年第 10 期。

李学勤：《〈鹖冠子〉与两种帛书》，《道家文化研究》第一辑，古
　　籍出版社 1992 年。

李学勤：《论先秦道家的夜行》，《史学集刊》2004 年第 1 期。

李学勤：《马王堆帛书与〈鹖冠子〉》，《江汉考古》，1983 年第
　　2 期。

李增：《〈鹖冠子〉道德法哲学与〈老子〉之比较研究》，《国学学
　　刊》2019 年第 1 期。

蒙文通：《略论黄老学》，《道家文化研究第十四辑》，生活·读书·新知三联书店 1998 年版。

米靖：《〈鹖冠子〉教育思想浅析》，《中国道教》2002 年第 5 期。

潘俊杰：《〈鹖冠子〉为先秦杂家著作考》，《延安大学学报》（社会科学版）2007 年第 3 期。

裴文睿（Peerenboom. R）：《〈古代中国〉和黄老思想》1991 年第 16 卷。

强昱：《〈太一生水〉与古代的太一观》，《道家文化研究第十七辑》，生活·读书·新知三联书店 1999 年版。

史婷婷：《〈鹖冠子〉宇宙观的哲学解读》，《安徽师范学院学报》2010 年第 4 期。

孙福喜：《〈鹖冠子〉与帛书〈黄帝四经〉语法、文体比较研究》，《西北大学学报》（哲学社会科学版）2000 年第 3 期。

孙福喜：《陆佃〈鹖冠子〉研究》，《齐鲁学刊》，2000 年第 3 期。

孙福喜：《论〈鹖冠子〉的宇宙本原观》，《西北大学学报》（自然科学版）2000 年第 4 期。

孙福喜：《论敦煌写本〈鹖冠子〉》，《敦煌研究》2000 年第 4 期。

孙以楷：《鹖冠子淮河西楚人考》，《安徽大学学报》（哲学社会科学版）2001 年第 4 期。

谭家健：《〈鹖冠子〉试论》，《江汉论坛》1986 年第 2 期。

唐兰：《马王堆出土〈老子〉乙本卷古佚书的研究——兼论其与汉初儒法斗争的关系》，《考古学报》1975 年第 1 期。

王葆玹：《西汉国家宗教与黄老学派的宗教思想》，《道家文化研究》第二辑，上海古籍出版社 1992 年版。

王沛：《〈鹖冠子〉与战国时期的"法"观念》，《华东政法学院学报》2005 年第 6 期。

文炳赞：《〈鹖冠子〉中的儒法思想及其关系》，《船山学刊》2009

年第 4 期。

细敏一川:《〈鹖冠子〉与前汉早期黄老思想的关系及其意义》,《文学论争》1979 年第 2 期。

萧汉明:《论〈鹖冠子〉的素皇内帝之法》,《江汉论坛》2003 年第 3 期。

萧洪恩:《鹖冠子研究概述》,《湖北民族学院学报》(哲学社会科学版) 2002 年第 3 期。

熊铁基:《论〈鹖冠子〉的道法思想——兼论道法、黄老及其他》,《华中师范大学学报》(人文社会科学版) 2001 年第 1 期。

杨兆贵:《〈鹖冠子·世兵〉篇非抄袭贾谊〈鹏鸟赋〉》辩,《中国文学研究》2009 年第 3 期。

杨兆贵:《鹖冠子的理想政治论——五正论及其理论渊源》,《船山学刊》2007 年第 1 期。

杨兆贵:《鹖冠子其人与其思想新探》,《管子学刊》2008 年第 3 期。

杨兆贵:《近代〈鹖冠子〉研究简评》,《山东师范大学学报》(人文社会科学版) 2002 年第 1 期。

杨兆贵:《论鹖冠子的军事思想》,《齐鲁学刊》2006 年第 1 期。

杨兆贵:《先秦"五至"论与帝道、王道、霸道说——由《鹖冠子·博选篇》说起》,《古代文明》2009 年第 3 期。

杨兆贵、潘雪菲:《论〈鹖冠子〉与管子、〈管子〉的关系》,《管子学刊》2018 年第 1 期。

四　学位论文

布鲁斯·威廉姆斯 (Bruce Charles Williams):《〈鹖冠子〉:真实性、原文的历史与分析》,硕士学位论文,加州大学,1987 年。

陈盈全:《〈鹖冠子〉的道法思想——从"天""地""人""命""四稽"谈起》,台湾大学政治学研究所,2009 年。

韩影:《〈鹖冠子〉文学性研究》,硕士学位论文,山东师范大学,
　　2016 年。

李轩:《〈鹖冠子〉词汇研究》,硕士学位论文,西北师范大学,
　　2015 年。

吴仁昌:《〈鹖冠子〉研究》,硕士学位论文,"中山大学"中国文
　　学研究所,1997 年。

张金城:《〈鹖冠子〉笺疏》,台湾师范大学国文研究所,硕士学位
　　论文,1974 年。